今を生きる思想

# 宇沢弘文

## 新たなる資本主義の道を求めて

佐々木 実

現代新書
100
HUNDRED



講談社現代新書

2682

# はじめに　「資本主義」という問い

資本主義のあり方をめぐって、世界で大きな潮流の変化が起きはじめている。

アメリカの主要企業の経営者をメンバーとするビジネス・ラウンドテーブル（BRT）が「株主資本主義からステークホルダー資本主義への転換」を掲げたのは2019年8月のことだった。株主の利益を極大化することだけを考えるのではなく、顧客や従業員、取引先、地域社会などにも配慮した経営に舵を切ると宣言したのだった。翌年はじめのダボス会議でさっそく取り上げられ、「ステークホルダー資本主義」はビジネス界の合言葉のように広まった。

日本では、政府が長年にわたって株主資本主義を核とするアメリカ型資本主義をお手本に「改革」を進めてきた。アメリカ財界のステークホルダー資本主義宣言が影響を与えないはずはない。岸田文雄首相が「新しい資本主義」を唱え、政府に「新しい資本主義実現会議」まで設けたのも、そうした流れの一環と捉えることができる。

株主の利益だけを追い求める企業活動は、所得格差の拡大を通じて、著しく不平等な社会をつくりだすことになった。環境への配慮を欠いた生産活動は、地球温暖化など深刻な環境問題をもたらしている。そうした反省の気運が、ビジネスの現場で市場原理主義を主導してきた経営者にさえ生まれている。

ＥＳＧ投資の爆発的な流行も、資本主義の見直しという文脈で理解できる。ＥＳＧ投資は、環境（Environment）、社会（Social）、企業統治（Governance）に配慮しているかどうかを基準に、投資先の企業を選別する。国連で２０１５年に採択されたＳＤＧｓ（持続可能な開発目標）と理念を共有する投資活動といってもいい。ＥＳＧやＳＤＧｓが国際的な支持を得ているのは、これまでの資本主義が環境問題をないがしろにしてきたことの裏返しである。

## 市場原理主義の教祖

いま起きている変化は、長らく世界を牽引してきた市場原理主義が急速に支持を失っていることを物語っている。

市場原理主義の教祖的存在だったのが、アメリカのノーベル賞経済学者ミルトン・フリードマン（１９１２－２００６）である。小さな政府、国営・公営事業の民営化、規制の緩和・撤廃を唱えるフリードマンは、１９８０年代以降の市場原理主義の潮流をつくりだした立役者である。ロナルド・レーガン大統領のブレインとなり、イギリスのマーガレット・サッチャー首相からも支持された。狭い学界ではなく、現実の政治に働きかけることで、世界最強のインフルエンサーとなったのである。

フリードマンの特徴は、市場機構への絶対的な信頼と、政府機能（公的部門）への徹底した不信だ。彼の資本主義観は『資本主義と自由』（日経BP社）のつぎの文章によくあらわれている。

「市場が広く活用されるようになれば、そこで行われる活動に関しては無理に合意を強いる必要がなくなるので、社会の絆がほころびるおそれは減る。市場で行われる活動の範囲が拡がるほど、政治の場で決定し合意を形成しなければならない問題は減る。そしてそういう問題が減れば減るほど、自由な社会を維持しつつ合意に達する可能性は高まっていく」

民主主義的な意思決定を、市場での取引が代替できるという見解である。市場領域をひろげていけば、「社会の絆がほころびるおそれは減る」とフリードマンは言っているが、むしろ、あらゆる領域を市場化すれば、「社会の絆」に頼る必要などなくなるという考え方である。「市場＝社会」がフリードマンの理想社会であるようだ。

## フリードマンに恐れられた日本人

市場原理主義の思想潮流が世界を覆う前、1960年代からフリードマンと直接対決を繰り広げていた日本人がいたことはあまり知られていない。本書の主人公、宇沢弘文《うざわひろふみ》（1928－2014）である。

宇沢は1964年にシカゴ大学の教授に就任し、市場原理主義の総本山「シカゴ学派」の領袖であるフリードマンと同僚になった。市場原理主義が世界を席巻するよりずっと前から、フリードマンに面と向かって異議を唱えていたのである。

シカゴ大学でフリードマンと対峙していたころ、宇沢はアメリカ経済学界で一二を争う若手理論家とみなされていた。フリードマンは著名ではあったが、最先端の理論づくりの現場にかぎれば、16歳も若い宇沢のほうが勢いがあり影響力をもっていた。

アメリカ経済学界での評価が絶頂にあるとき、宇沢はベトナム戦争に異を唱えて突然、アメリカを去った。フリードマンは、帰国後の宇沢が日本語で書いた文章も英語に翻訳させて丹念にチェックしていた。宇沢がフリードマンの学説を批判することに、過剰なほど神経を尖らせていたのである。

アメリカを去ったあと、宇沢はアメリカの経済学者についてこんな総括をしている。

「事実、アメリカの経済学者は、市場機構について一種の信念に近いような考え方をもっているともいえる。利潤追求は各人の行動を規定するもっとも重要な、ときとしては唯一の動機であると考え、価格機構を通じてお互いのコンフリクトを解決することが最良の方法であるという信念である。新古典派理論はこのような信念を正当化するものにすぎないともいえるのであって、理論的な帰結からこのような信念が生れるのではない。この現象はとくにいわゆるシカゴ学派に属する人々について顕著にみられるが、これは必らずしもシカゴ学派に限定されるものではなく、広くアメリカの経済学者一般に共通であるともいえよう」（『自動車の社会的費用』岩波新書）

宇沢が指摘しているのは、市場原理主義的な傾向はフリードマン率いるシカゴ学派に顕著にみられるけれども、しかしそれは、アメリカの経済学者一般に共通している信念だということである。フリードマンひとりを批判して済む問題ではないということだ。

## 社会的共通資本の思想的源流

宇沢は、半世紀も先取りして、行き過ぎた市場原理主義を是正するための、新たな経済学づくりに挑んだ。すべての人々の人間的尊厳が守られ、魂の自立が保たれ、市民的権利が最大限に享受できる。そのような社会を支える経済体制を実現するため、「社会的共通資本の経済学」を構築した。

この小著では、経済学の専門的な話はできるだけ避け、宇沢が「社会的共通資本」という概念をつくりだした経緯や思想的な背景に焦点をあててみたい。宇沢が環境問題の研究を始めたのは半世紀も前であり、地球温暖化の問題に取り組んだのは30年あまり前からだった。先見の明というより、問題を見定める際の明確な基準、つまり、思想があったからこそ、いち早く問題の所在に気づくことができたのである。

## 不安定化する世界

ロシアがウクライナに侵略して戦争が始まったとき、欧州のある金融機関が、武器を製造する企業への投資をESG投資に分類し直すという動きがあった。ふつう、ESG投資家は人道主義の観点から、軍需産業への投資には抑制的だ。しかし、アメリカなどがウクライナに武器を供与する現実を目の当たりにして、「防衛産業への投資は民主主義や人権を守るうえで重要である」と態度を豹変させたのである。

ESGやSDGsに先駆けて「持続可能な社会」の条件を探求した宇沢なら、このようなESG投資を認めることは絶対にあり得ない。思想が許さないからだ。「ステークホルダー資本主義」「ESG投資」「SDGs」を叫んでみたところで、一本筋の通った思想がなければ、結局は換骨奪胎され、より歪《いびつ》な形で市場原理主義に回収されてしまうのがオチだ。

資本主義見直しの潮流が始まった直後、世界はコロナ・パンデミックに襲われ、ウクライナの戦争に直面した。危機に危機が折り重なって、社会は混沌の度を深めている。

宇沢の思想に共鳴するかしないかが問題なのではない。生涯にわたって資本主義を問いつづけた経済学者の思考の軌跡は、かならずや混沌から抜け出すヒントを与えるはずである。

目次

## 第2章 行動科学の申し子 31

## 第3章　ベトナム戦争とアメリカ経済学 ―― 61

## 終　章　SHADOWの思想 ―― 113

# 第１章　生い立ち

## 戦争の時代に生まれて

宇沢弘文は昭和3年（1928年）の7月21日、鳥取県米子市で生まれた。宇沢家は江戸時代には米屋を営んでいた旧家だが、何代にもわたり家督を継ぐ男子に恵まれず、女系家族というめずらしい伝統をもっていた。宇沢は4男1女の次男で、宇沢の兄が生まれるまで二百年ものあいだ、宇沢家は男子に恵まれなかったという。宇沢の母・寿子も2人姉妹の長女だった。婿養子となった父・時夫は春日村（現在は米子市）の出身で旧姓を田村といい、鳥取県の師範学校を卒業すると小学校の教師となった。

昭和5年、アメリカ発の世界恐慌が波及する形で日本は昭和恐慌に陥った。宇沢の父・時夫の実家は農家だったので、大不況のなか生活が困窮していた。6人兄弟の三男である時夫は教師として稼いだ給料をすべて実家に仕送りしなければならなかった。そんな境遇に嫌気がさした時夫は、猛反対する寿子を説得して、郷里から離れることを決意する。夫婦は3人の幼子を抱え、東京へ出ていったのだった。宇沢が3歳のころである。

宇沢家が上京した昭和6年（1931年）は、いわゆる15年戦争の起点となった年である。3月に陸軍内部でクーデター計画が発覚（「3月事件」）、半年後の9月には関東軍参謀らが柳条湖の南満州鉄道を爆破し、満州事変が始まる。宇沢はまさに戦争の時代に人格を形成していくわけである。

　東京へ移った宇沢家は田端の一軒家に落ち着くことになった。滝野川第一小学校5年生のとき、宇沢はささやかながら忘れがたい体験をした。

　その年は、皇紀二千六百年の前年にあたっていた。皇紀というのは、日本書紀に記された神武天皇即位の年を元年とする年号である。大日本帝国では皇紀こそが正統とされ、昭和15年（1940年）が皇紀二千六百年であることから、政府を挙げて祝賀行事の準備が進められていた。

　宇沢のクラスではある日、先生が神武天皇から昭和天皇まで124代の皇統を滔々《とうとう》と語り、誇らしげに賞賛した。先生の話をさえぎるように挙手したのが宇沢だった。

「もしもお世継ぎのご長男が愚かな方だったら、皇族はどう対処されたのでしょうか？」

言葉を失った先生は顔面蒼白となり、烈火のごとく怒りだした。質問を不敬とみなしたのか、侮蔑と取ったのか、我を忘れたような先生の取り乱しように宇沢はあっけにとられるばかりだった。

　この昭和14年（1939年）は、満州国とモンゴルの国境ノモンハンで日本の関東軍がソ連軍と大規模な武力衝突を起こしている。日ソ間が紛争中の9月1日、ドイツ軍がポーランドに侵攻して第二次世界大戦が始まる。ただし、小学生の宇沢が軍国主義に疑問を抱くきっかけは別にあった。伯父の戦死である。

父・時夫の兄の田村雄一は陸軍に所属する職業軍人だった。父親が「兄貴」と慕っていたので、宇沢も「ユウイチおじさん」と呼んでなついていた。盧溝橋事件で日中戦争が勃発して以降、日本軍は戦線を拡大し、昭和14年2月には海南島を占領した。陸軍大尉として従軍していた田村雄一は、占領直後の海南島で戦死したのだった。37歳の若さだった。

## 日米開戦と勤労動員

伯父の戦死後、宇沢は伯父が所属していた陸軍に関心をもつようになった。伯父の死の3年前に起きていた陸軍皇道派青年将校たちによるクーデター、高橋是清蔵相や斎藤実《まこと》内大臣などが殺害された2・26事件の真相を知ろうと、いくつもの図書館を調べてまわったりしていた。

宇沢は昭和16年（1941年）4月に東京府立第一中学校（現東京都立日比谷高等学校）に入学するが、このころにはもう、反軍国主義の考えを抱くようになっていた。入学の前年に、第二次近衛文麿内閣は「大東亜新秩序・国防国家の建設方針」を閣議決定、「大政翼賛」「八紘一宇」が戦意高揚のスローガンとして叫ばれるようになっていた。自由な校風だった一中でも、宇沢たちが入学した年からは国民服で通学するようになり、頭には戦闘帽をかぶった。

この年の12月7日、日本軍は真珠湾を奇襲、対米戦争の火蓋《ひぶた》を切った。半年間ほどは南方戦線で勝利が続いたものの、昭和17年（1942年）6月のミッドウェー海戦で空母4隻を失う敗戦を喫して以降、戦局は悪化の一途をたどっていく。一中は5年制だったが、宇沢たちは戦時措置で4年で卒業させられることになり、4年生の夏から勤労動員が始まった。

宇沢は、潜水艦のスピード計をつくる工場で働いた。内心で反戦を唱えながらの仕事がおもしろいわけがない。せめてもの救いは、工場で働く同級生のなかに同志を見つけたことだった。後年、宇沢と同じく経済学者となる速水融《はやみあきら》である。

## 反戦闘士

歴史人口学の草分けとして知られる速水は、知識人一家に生まれた。速水の父・敬二は哲学者で、父の兄つまり伯父は戦後農政の権威だった東畑《とうばた》精一、父の妹と結婚した相手つまり叔父には哲学者の三木清がいた。三木は戦中に治安維持法で投獄され、敗戦直後に豊多摩刑務所で獄中死した。三木の死を確認したのが、東畑の指示で刑務所に出向いた速水だった。

一中時代の宇沢は、堅固な反戦思想をもちながら、思想統制が厳しくなっていくなかでは本心を打ち明ける友人もみつからず、鬱屈する日々を過ごしていた。勤労動員で工場に通うようになってはじめて、思想を語り合える友人を得た。それが速水だったのである。

私が東京都杉並区の速水宅を訪ねたのは宇沢が亡くなった翌年だった。

「ウザワはね、じつは、反戦闘士だったんですよ」

速水は、秘密でも打ち明けるように話した。おそらく速水が唯一の相手だったからだろう、戦況の話になると、中学生の宇沢は情熱的かつ饒舌だったという。電車のなかで周囲をはばからず、「ミリタリズム、軍国主義のもとでは、なにも文化なんて発展しないんだ！」と叫んだこともあった。速水は、周囲の大人の目が気になってそわそわしたという。

もっとも、宇沢は家庭内ではその種の話はしなかったし、一中では成績優秀な優等生で通っていた。とくに数学に関しては、授業で先生が、「宇沢君、これで間違ってないか？」としばしば確認するほどで、同級生たちからは天才とみなされていた。

速水の話で興味深かったのは、宇沢と数学についての速水の見解である。

「私がそのころ一番読んでいたのはロシアの長編小説でした。とくにトルストイの『戦争と平和』。あれを時代に重ねて読んでいたのです。私の場合、文学を通じて普遍的なものを感じとっていたのだとおもいます。宇沢は中学校時代、とても高度な数学をやっていた。彼は数学という学問の世界でなにかをつかんだんじゃないかとおもう。武器でドンパチやることじゃないんだと。むしろドンパチは大事なものを破壊することにしかならないんだということを」

## 数学をめぐる原体験

たしかに宇沢は、反戦的になるのと歩調をあわせるように数学にのめり込んでいた。高名な数学者・高木貞治の『代数学講義』や『解析概論』を独学したあと、群論や代数的整数論などにまで手を伸ばしていた。

中学3年生のとき、東条英機内閣は「学徒戦時動員体制確立要綱」を閣議決定したが、その直後の昭和18年（1943年）の夏、宇沢は「数学の原体験」を得ている。ケプラーの法則からニュートンの万有引力の法則を独力で導き出すことに成功したのである。

ケプラーは惑星の動きを観測して、経験則として3つの法則を発見した。宇沢は、ケプラーの3法則のうちの「惑星は太陽を一つの焦点とする楕円の軌道上を運行する」「惑星は太陽に対する面積速度が一定となるように運行する」という2つの法則から、「ふたつの物体の間には、質量の積に比例し、距離の自乗に反比例する引力が働く」という万有引力の法則にたどりつくことができた。証明を終えたとき、ひとり感動にひたっていた。

なぜこれが〝原体験〟になったかといえば、数学が自然の摂理を客観的、理性的に把握させてくれることを確認できたからだ。速水にとって外国文学がそうであったように、宇沢にとっては数学が、戦争の時代にあって正気を保つ方法だったのである。

## 戦時下の自由主義者

昭和20年（1945年）3月10日の米軍による東京大空襲で、宇沢の田端の家は焼けてしまった。4月に第一高等学校（現東京大学教養学部）に入学したものの、工場通いの日々は変わらず、移り住んだ杉並の借家も5月の大空襲で焼け出されてしまった。住処をなくした家族は郷里鳥取に疎開しなければならなくなり、宇沢だけ両親たちと別れ、一高の駒場寮に残ることになった。

明日をも知れない状況のなかで、宇沢を感動させたのは安倍能成《よししげ》校長の訓示だった。

「日本の敗戦は possible ではなく、probable だ」

軍の配属将校がいる前で、「日本はこの戦争に負けるだろう」と断言したのだった。言論統制に反感を募らせていた宇沢だったが、安倍校長のあまりに堂々とした態度には驚いてしまった。夏目漱石門下の安倍能成はカント哲学を専攻とする哲学者で、気骨ある自由主義者だった。敗戦直後の幣原《しではら》喜重郎内閣で文部大臣もつとめた。

安倍能成をはじめとする一高の教授陣には著名な知識人もいて、宇沢は、思想統制への教授たちの態度に関心を向けていた。思想の自由が最大の関心事だったからだ。

安倍校長の補佐役として寮の監督を任されていた木村健康《たけやす》教授が憲兵に拘束されたのは、宇沢が入学した直後のことだった。

30代半ばの少壮学者だった木村は、河合栄治郎の愛弟子だった。河合はすでに前年に急逝していたが、言論統制下で軍部を厳しく批判した稀有な言論人だった。当局に目をつけられていた河合は、東大経済学部の内紛を機に事実上教授職から追放された。助手の木村も恩師と行動をともにして東大を辞し、その後、河合の発禁処分をめぐる裁判では特別弁護人をつとめるなど、河合が亡くなるまで支援をつづけた。河合の一番弟子である木村も当局ににらまれていたが、安倍校長の決断で一高に採用されたのだった。

木村が憲兵に捕まったのは、一高の寮生に自由主義思想を扇動したと疑われたからだった。木村が釈放されたとき、宇沢も出迎えに加わった。厳しい取り調べで憔悴しきった木村の姿を目の当たりにしたとき、思想弾圧の理不尽さを思い知ったのだった。

宇沢が誇りとしたのは、戦時中も自由主義者としての節を曲げなかった木村から、ジョン・スチュアート・ミルの『On Liberty（自由論）』を原書で学んだことだった。『追想　木村健康』（木村健康先生追想録刊行委員会編）への寄稿で宇沢はのべている。

「私も近代経済学の勉強に志してからすでに四十年近く経ってしまったが、戦争中、木村先生が身をもって示された学問と思想の自由を守るという教えは、いつまでも私の心の底に深く刻みつけられている」

## マルクス経済学の先達

敗戦を迎えたのは一高の1年生の夏で宇沢は17歳になったばかりだった。戦争が終わると、あれほど情熱を傾けた数学への関心も薄れていった。長身を見込まれて勧誘され、宇沢はラグビー部に入部していた。寮の同室者もラグビー部員ばかりで、ラグビー漬けの生活を送ることになった。受験勉強もろくにしないまま東京大学理学部数学科を受験すると、なんとか合格することができた。300人以上いた数学科の受験生のうち合格者は15人だけだった。

東大に入学したのは昭和23年（1948年）だが、この時期の数学科は多くのすぐれた数学者を輩出している。国際的に活躍した佐武一郎や志村五郎、早世した谷山豊なども宇沢の同世代である。ただ、15人しかいない宇沢の同期生には顕著な思想傾向がみられた。宇沢の回想によると、半数ほどが共産党の党員やシンパだったという。

宇沢は、高校時代の後れを取り戻そうと数学に打ち込んだ。最優秀の成績をおさめ、大学院に進む際は特別研究生に選ばれた。しかし一方で、民主化運動に邁進する友人たちに感化され、マルクス主義の研究会に頻繁に顔を出すようにもなっていた。

「私は当時、いくつかのマルクス主義経済学の勉強会に入っていましたが、そのなかで一番活発だったのは、その友人が中心になっていた勉強会でした。しかし、私にはどうしてもマルクス主義経済学のエッセンスが理解できず、悩んでいました。とくに、スターリンの『言語論』が難解で、何回読んでも分かりませんでした。そのとき、その友人から、宇沢さん程度のマルクス主義経済学の理解ではとても共産党の入党試験は受からないと言われたわけです。ちょうどそのしばらく前から、数学科の特別研究生でありながら、ほとんどの時間を経済学のために使ってしまっていることに良心の呵責を感じはじめていました。マルクス主義経済学で尊敬すべき先達のこの言葉は、私の胸につよく刺さり、経済学の勉強に全面的にコミットしなければならないと思ったのです」(『日本の教育を考える』岩波新書)

宇沢は「友人」の名を明かしていないが、1学年下の東大理学部物理学科に在籍していた上田建二郎のことである。のちに「不破哲三」の名で共産党の若きホープとして政界に登場、その後、党中央委員会議長に就任して共産党の最高指導者となる。

終戦直後、GHQ(連合国軍最高司令官総司令部)の民主化指令によって、政治犯として獄中にあった徳田球一《きゅういち》、志賀義雄ら共産党幹部が釈放され、共産党の再建を宣言した。「獄中非転向」を貫いた彼らの影響力は絶大で、多くの知識人や学生の心をつかんだ。戦時中の思想統制に憤っていた宇沢もそのひとりで、共産党には憧れに似た感情を抱いていた。

上田主宰のマルクス主義研究会に参加した宇沢は、上田の行動力、頭脳の明晰さに強い印象を受けた。それだけに、「宇沢さん程度のマルクス主義経済学の理解では、とても共産党の入党試験には受かりませんよ」と批判されたときにはこたえた。のちに共産党に入党試験などなかったことを知るのだが、ともあれ、「マルクス主義経済学で尊敬すべき先達」の言葉は宇沢を奮い立たせ、マルクス経済学に専心させることになった。

## 『貧乏物語』

宇沢に経済学者への転身を決意させたのは、河上肇が著した『貧乏物語』である。河上は序文で、経済学の意義を説いている。「人は麺麭《パン》のみにて生くものにあらず、されどまた麺麭なくして人は生くものにあらずというが、この物語の全体を貫く著者の精神の一つである。思うに経済問題が真に人生問題の一部となり、また経済学が真に学ぶに足るの学問となるも、まったくこれがためであろう」。イギリスの思想家ジョン・ラスキンの「There is no wealth, but life」を引きながら、河上は熱く語りかける。「富なるものは人生の目的――道を聞くという人生唯一の目的、ただその目的を達するための手段としてのみ意義あるにすぎない。しかして余が人類社会より貧乏を退治せんことを希望するも、ただその貧乏なるものがかくのごとく人の道を聞くの妨げとなるがためのみである」

敗戦直後、貧困や飢餓は身近な現実だった。宇沢は一高ラグビー部でマネージャー役も引き受けていたので、食料の調達にいつも苦労していた。『貧乏物語』に感銘を受けた宇沢は、経済学者を志すにあたって、「富を求めるのは、道を聞くためである」という言葉を胸に刻んだ。患者を治すのが医者なら、自分は戦争で荒廃してしまった社会を癒す医者になろう。それが宇沢の初志だった。

とはいえ、特別研究生は東大数学科の期待の星である。恩師の弥永昌吉《いやながしょうきち》教授に退学の希望を伝えても承諾はしてもらえなかった。しびれをきらした宇沢はおもわず、「日本の社会がこれだけ混乱しているときに、ひとり数学を勉強しているのは苦痛です！」と言い放ってしまった。「そこまで思い詰めているのなら、仕方ありません」と匙を投げ、弥永教授は説得をあきらめた。東大の数学科を退学したとき、宇沢はすでに20代半ばになっていた。

### 空回り

東大を退学した後、統計数理研究所に勤めたが、職場の責任者がセクシャル・ハラスメントの常習者だった。女性職員が抗議すると、宇沢の上司でもある責任者は謝罪どころか、その女性を閑職に追いやった。業を煮やした宇沢がある日、上司を面罵したところ、結局、新入りの宇沢が退職せざるをえなくなった。

わずか1年で統計数理研究所をやめたあと、朝日生命保険に就職するが、ここでも正義感が裏目に出る。保険数理士として経営内容を詳しく知る立場にいた宇沢は、経営陣と労働組合幹部が結託して、保険支払い請求に備えて積み立てる責任準備金を実際より多く装っていることに気づいた。賃上げ交渉を乗り切るため、労組幹部が経営陣に協力していたのである。

労組の集まりで宇沢が労使なれ合いの実態を指摘すると、労組幹部が総辞職する騒ぎに発展した。しかも新執行部を選出する選挙で、宇沢が1位の得票を得てしまった。経済学者を志している身で労組幹部におさまるわけにはいかない。結局、朝日生命保険も2年で退職することになった。

統計数理研究所、朝日生命保険と渡り歩きながら、宇沢は精神的な危機に陥っていた。マルクス経済学を独学するといっても、大学に所属しているわけではなく、指導者や研究仲間もいない。決意だけが空回りしていた。

## 近代経済学への〝転向〟

窮地を救ってくれたのは、一高ラグビー部の先輩だった。

「おめえ、経済学やってんだってな」

統計数理研究所に通う列車のなかで突然、声をかけてきたのは稲田献一だった。名キャプテンでならした4学年上の先輩で、当時は東京都立大学経済学部の助手をしていた。

稲田はOBとしてラグビー部にしょっちゅう顔を出していたので、宇沢のことは新入生のときからよく知っていた。東大数学科の特別研究生をやめたという話も耳にしていた。じつは稲田も東大数学科出身で、独学で近代経済学を学び経済学者に転身した経歴をもっていた。

「ひとりでマルクス経済学を勉強しています」と聞いて、すぐに宇沢の窮状を察した稲田は、「おれがいい先生を紹介してやる」と強引に約束をとりつけた。後日、宇沢を伴って出かけた先は、東京大学経済学部の近代経済学者グループの研究会だった。

戦時中、マルクス経済学者は弾圧されていた。非共産党系で労農派と呼ばれた大内兵《ひょう》衛《え》、有沢広巳、脇村義太郎、宇野弘蔵らは治安維持法違反で一斉に逮捕され（人民戦線事件）、東大から追放された。敗戦後、大内や有沢などが復帰したため、東大経済学部はマルクス経済学の牙城となった。とくに有沢は、傾斜生産方式と呼ばれる復興政策のブレインとして政財界からも評価を得ていた。

一方、東大の近代経済学派は、宇沢の恩師でもある木村健康が一高から移籍してきたものの、少数派にすぎなかった。劣勢の近代経済学派の若手リーダーが古谷弘だった。稲田は、自分も参加している古谷主宰の研究会に宇沢を引き入れたのだった。

## ケネス・アローからの招待状

宇沢が初めて出席した日の講師役は、経済学部特別研究生の小宮隆太郎で、アメリカの経済学者の最新論文を解説していた。宇沢は、同じ年齢の小宮の講義に衝撃を受けた。経済学なのに、高度な数学が使われていたからだ。

その日を境に、新進気鋭の数理経済学者ケネス・アローが著した論文をむさぼるように読みはじめた。アローとの出会いは、断腸の思いで絶縁した数学との再会でもあった。

アローに傾倒した宇沢は、自分が書いた論文をスタンフォード大学のアローに送った。一面識もないので期待はしなかったが、意外にもすぐに返事がかえってきた。アローからの手紙を読んで宇沢は感無量になった。スタンフォード大学でいっしょに研究しないかという招待状だったからだ。マルクス経済学者を目指していた宇沢は一転、近代経済学者として、しかもアメリカでデビューすることになったのである。

# 第2章　行動科学の申し子

## スタンフォード大学の精鋭集団

アメリカへと旅立ったのは1956年（昭和31年）の夏で、宇沢は28歳になったばかりだった。この年の経済白書が「もはや戦後ではない」と宣言したとおり、日本はようやく高度経済成長期のとば口に立っていた。

向かった先は、超大国アメリカ。第二次世界大戦後、アメリカは疲弊したヨーロッパ諸国をマーシャル・プランで支援し、占領下の日本にもガリオア・エロア資金を出すなど、各国の戦後復興を支えた。世界の覇権国となった証しでもあった。

宇沢が渡米した年、アローは35歳という若さで計量経済学会の会長をつとめていた。翌年にはアメリカ経済学会が40歳未満の優れた経済学者に授与するジョン・ベイツ・クラーク賞を受賞、1972年にはノーベル経済学賞を当時としては最年少の51歳で受賞している。「20世紀を代表する数理経済学者」というのが学界での定評である。

アローをリーダーとするスタンフォード大学の若手研究者グループはセラハウスと呼ばれる、大学敷地内に移設された初代学長の邸宅を拠点にしていた。教授が3人いて、経済学のアロー、哲学のパトリック・スーピス、統計学のサミュエル・カーリン、それぞれの助手に宇沢、リチャード・アトキンソン、ハーバート・スカーフ。この学際的な少数精鋭集団は経済学にとどまらず、社会科学全般に数学を導入しようという壮大なプロジェクトに挑んでいた。

1950年代から60年代にかけて、アメリカ経済学界は「経済学の数学化」を推し進めて世界の経済学をリードしていくが、それは「行動科学」というより大きな潮流に位置付けることができる。

行動科学とは、数学や統計学の方法を大胆に取り入れた社会科学である。社会科学を自然科学に近づけることで、より科学的な社会科学を目指そうとする試みといえる。実際、アメリカでの経済学は、行動科学の側面を強めたことでその有用性を認められ、社会のなかに制度化されていくことになり、経済学者の社会的地位も確立されていった。

宇沢が加わったアローの少数精鋭部隊は、「行動科学の時代」を牽引し、スタンフォード大学は行動科学のメッカとして世界に知られるようになる。東大数学科で抜きんでた才能を開花させながら、数学を捨てて経済学に転身した宇沢は、アメリカ経済学界が喉から手が出るほど欲しい逸材だったのである。

## アローの回想

宇沢が亡くなって1ヵ月後の2014年10月、私は渡米してケネス・アローに取材した。スタンフォード大学で2日間にわたりインタビューしたが、碩学《せきがく》は90歳を超えてなお頭脳明晰で、東京の見知らぬ若者から論文が届いた日のことも鮮明におぼえていた。

「東京にいるヒロから送られてきた論文を読んだとき、ただちに彼をアメリカに呼び寄せようと決めましたよ。彼の論文に私は圧倒されました。内容は、私がレオニード・ハーヴィッツと書いた論文に関するものでした。その当時われわれの論文はまだ公刊されていなかったので、どうしてヒロが論文のコピーを手に入れたのかはわかりませんが……。

しばしばあることなのですが、いい結果を導いている論文でも、著者本人が本当はその意義を理解できていないことがある。彼の論文を読むと、完璧に理解していることがわかりました。なんとも見事な証明でしたよ。いまでもよくおぼえていますが、ヒロは手紙に、『私の論文には必ず誤りがあるはずなので、ご指摘いただければ光栄です』と控えめに書いていた。もちろん、誤りなどありませんでしたけどね。そのころ、あまり多くはないけれども自由にできる研究費があり、その予算でヒロを呼ぼうと即決したのです。論文を読んだその日か、翌日にはヒロに手紙を出しましたよ」

たった一本の論文で才能を見抜いたアローの慧眼《けいがん》には驚くほかないが、渡米前の宇沢が、すでに優れた〝近代経済学者〟となっていた事実を見逃してはいけない。スタンフォード大学では助手からのスタートだったとはいえ、はじめからアローは宇沢を独立した研究者として扱い、対等な共同研究者として遇した。

## アメリカ経済学界の中枢へ

ロバート・ソローも早くから宇沢に注目したひとりだ。宇沢より4歳上のソローは経済成長理論への貢献で1987年にノーベル経済学賞を受賞するが、当時からこの分野の先駆者として活躍していた。ソローは私のインタビューで宇沢と初めて会ったときの印象をつぎのように語っていた。

「ヒロがパロ・アルト（スタンフォード大学の所在地）に来てすぐぐらいだったかな。ケネス・アローの紹介で会いました。なんと言ったらいいのか、なかなか適切な言葉が思い浮かびませんが……Miracle（奇跡）とでも表現したらいいでしょうか。ヒロはまだ20代後半だったとおもうけれども、彼はわれわれの前に突然現れた。まるで地面が割れ、地球のなかから飛び出てきたみたいに。本当に頭の回転がはやく、知性あふれる若者でした。少なくとも私は、10分間いっしょにいただけで、無限の可能性を秘めた人物だと気づきましたよ。ケネス・アローも、ヒロに対しては私とまったく同じ印象を抱いていた」

ソローによれば、ＭＩＴ（マサチューセッツ工科大学）の同僚ポール・サミュエルソンも早くから宇沢を高く評価していたという。ケネス・アロー、ロバート・ソロー、ポール・サミュエルソン——いずれも傑出した業績を挙げ、アメリカ経済学界を牽引していた経済学者だ。宇沢は、あっという間に学界中枢の経済学者たちに受け入れられたのだった。

かつてアメリカ経済学界でこのような鮮烈なデビューを果たした日本人はいない。なぜ宇沢には可能だったのか？　謎を解くには、宇沢が最初に取り組んだ一般均衡理論について知る必要がある。それは、近代経済学を出発点にまでさかのぼることでもある。

## 近代経済学の歩み

近代経済学の原点は、１８７０年代の限界革命にある。限界革命は、スイスのレオン・ワルラス（出身はフランス）、イギリスのスタンレー・ジェボンズ、オーストリアのカール・メンガーがそれぞれ独立に限界分析を提唱したことに始まる。

経済学は他の学問に比べると歴史が浅い。一般的には、アダム・スミスの『国富論』（１７７６年）が嚆矢《こうし》とされる。スミスに続いたデイビッド・リカードやカール・マルクスは資本主義を分析する際、階級社会を想定した。資本家、労働者、地主の階級間における分配の問題などを考察したわけだ。

経済学の流れを変えたのが、１８７０年代に起きた限界革命だった。経済分析の方法に限界分析の手法を取り入れることで、それまでとは異なる資本主義のビジョンを描くことになったのである。限界革命によって、アダム・スミスからマルクスまでの古典派経済学は、新古典派経済学へと刷新された。新古典派経済学の別名が近代経済学である。

限界分析の鍵は「限界（marginal）」という概念にある。どれだけの消費で追加的に一単位の効用が増えるか。追加的に一単位の生産を増やせば利潤はいくら増えるか。こうした微小な増加に伴う変化の考察は数学の微分の発想に基づくもので、新古典派経済学は微積分を分析の方法として導入したことに画期性があった。経済現象を数学で定式化できるからだ。

じつは、新古典派経済学はニュートンが切り拓いた古典物理学の方法を借用することから出発している。だからこそ、数学が重要な分析ツールとなったのである。

経済学に限界革命が起きた時期、日本は明治維新によって近代国家が誕生したばかりだったが、世界に先駆けて産業革命に成功したイギリスでは市場経済が著しい発展を遂げていた。「長期的な利潤率の低下で資本主義社会はいずれ停滞する」というリカードらが描いた悲観的なビジョンは、勃興する産業社会に反証された格好となったのである。

ただし、周期的に恐慌が観測されるようになり、資本家と労働者の対立が激しさを増すなか、社会主義思想が支持されるようにもなっていた。マルクスが『資本論』第一巻を刊行したのは１８６７年である。プロイセンに敗れたフランスでは、ごく短命ではあったもの の、１８７１年に労働者階級を主体とする革命自治政府が誕生した（パリ・コミューン）。

こうした時代に、経済学では限界革命が起き、やがて階級間対立を基調とした分析は放棄されるわけである。新古典派経済学の誕生は、物理学を模倣することで「経済学の近代化」をはかる試みだったが、他方、社会観としては階級社会を考慮しなくなり、方法論的に個人主義を選択した。分析法の変革であると同時に、資本主義社会を捉える思想の転換でもあった。

## ワルラスの一般均衡理論

ひとびとが市民的な自由を獲得した社会を範とする新古典派の経済学は、「階級」ではなく、「個人」を分析の基礎に置く。個人は、「効用」を最大にするよう行動することが前提されている。効用とは、それぞれの個人の主観的な満足度である。損得を合理的に考えて行動するホモ・エコノミクスが集まった社会を想定するから、資本家階級とか労働者階級といったような階級的属性は後景に退くことになった。

限界革命の主役3人のうち、経済学の発展を方向づけたという意味で重要なのはワルラスだ。多数市場の同時均衡を考察する一般均衡理論を考案したからである。

市場機構は、完全競争の条件のもとで、財の需要と供給を一致させて、市場の均衡状態を実現させる。ワルラスは、すべての財について需要と供給が一致する状態を連立方程式で表現すれば、連立方程式を解くことで、社会のあらゆる市場が均衡状態を保っている状況を捉えることができると考えた。すべての市場を一挙に捉えることで、資本主義社会の全体像をつかもうとしたわけである。

ワルラスの一般均衡分析モデルでは、市場社会を模型化してその性質を調べるのだが、一般均衡体系を数学モデルで分析するためには高度な数学が必要とされた。その結果、数学の力量に長けた研究者、数理経済学者に活躍の場を提供することになったのである。

宇沢がマルクス経済学から新古典派経済学に〝転向〟した1950年代半ば、理論を専攻するアメリカの経済学者たちの関心は一般均衡理論の解明に向けられていた。先導したのがケネス・アローである。

ワルラスの一般均衡理論には重要な課題が残されたままだった。多数市場の均衡を連立方程式で表現したワルラスは、$m$個の変数に対して$m$個の方程式があれば解は存在すると結論づけたが、実際には、方程式と変数の数が同じでも解が存在するとはかぎらない。さらに、解が負の値ではおかしいなどの問題もある。

アローは、ブラウワーの不動点定理と呼ばれる数学の定理を援用して一般均衡解の存在を鮮やかに証明しただけでなく、一般均衡価格体系が安定的であることもトポロジー（位相数学）を用いて証明しようとした。東京の宇沢がアローに送った論文は、アローが限定的な形でしか証明できなかった価格調節機構の安定性を、さらに一歩前に進める形で証明したものだった。

一般均衡価格体系の安定性の問題は、完全競争市場における価格メカニズムの機能を調べる作業であり、いわば、資本主義の理論的支えとなっている近代経済学の基礎を固める作業だ。その意味で、すべての近代経済学者はアローの研究の恩恵を被っているといえる。

ここでひとつの疑問が生じざるをえない。宇沢はかつて、数学を捨ててまでマルクス経済学に賭けたはずだった。なぜ近代経済学に、しかもアローの一般均衡理論に魅せられたのだろうか？

## 「市場社会主義」への関心

宇沢の〝転向〟の秘密は、一般均衡理論がもつ独特の両義性にあった。

アローの研究は、１９２０年代から30年代にかけて争われた「社会主義経済計算論争」に違った角度から光をあてるものだった。社会主義経済計算論争とは、社会主義における計画経済の有効性をめぐる論争だ。ロシア革命によってソビエト政権が樹立されると、社会主義国家の計画経済に関心が集まった。「計画（planning）」がにわかに一大テーマとして浮上してきたのである。

オーストリアのミーゼスは、生産手段を公有化すれば生産財の市場価格は成立しなくなるから、効率的な資源配分はできないと主張した。ミーゼスにはハイエクなどが加勢したが、興味深いのは、計画経済を擁護する側のオスカー・ランゲやアバ・ラーナーが根拠として持ち出したのが一般均衡理論だったことである。中央計画当局が一般均衡理論を用いて市場価格に相当する「計算価格」を用いることで、資本主義と同様に効率的な資源配分は可能だと反論したのだった。

じつをいうと、ワルラスは社会主義思想の持主で、土地の国有化が持論だった。ランゲやラーナーは、市場原理を導入した社会主義、「競争的社会主義」「市場社会主義」と呼ばれる新たな社会主義の有効性を理論で証明しようとしたのだった。一般均衡理論の両義性とは、ワルラス的一般均衡モデルが、社会主義経済を究明するためのモデルとも、資本主義経済を分析するためのモデルとも解釈できるという意味である。

宇沢は、市場社会主義のもっとも重要な理論家はラーナーであると認識していて、渡米するとラーナーと親交をもつようになった。ラーナーは「Controlled Economy（コントロールされた経済）」を主張していたが、それは生産手段の国有化という、ソ連型の中央集権的な社会主義ではない。市場経済を活用した〝社会主義〟であり、現実には存在しない〝社会主義〟だった。

宇沢が高く評価したラーナーは、ケインズの『雇用、利子および貨幣の一般理論』の本質を最も早く理解した経済学者のひとりだった。ケインズは、当初こそラーナーの「コントロールされた経済」に批判的だったが、最終的には認めて評価した（ちなみに、近年話題のMMT（現代貨幣理論）の源流は、ラーナーが唱えた「財政機能主義」である）。

ともあれ宇沢は、市場社会主義というテーマを抱きながら、アローとともに一般均衡理論研究の最前線に立ち、市場メカニズムを解明していたのである。

## 海軍研究所の支援

アローたちと研究を始めた宇沢はたちまち頭角を現し、一般均衡理論の研究分野で華々しい業績を挙げた。卓越した数学の能力をいかんなく発揮したからだが、それが「行動科学」への取り組みのなかで遂行されたことに留意する必要がある。行動科学という範疇《はんちゅう》で捉えてはじめて、戦後アメリカで一般均衡理論の研究がさかんになった背景が見えてくる。

アメリカにとって、第二次世界大戦の教訓は科学や技術の重要性だった。科学者を総動員したマンハッタン計画で原子爆弾を開発した成功体験はその最たるものだ。

第二次世界大戦後、ソ連と対峙して東西冷戦体制が形成されると、海軍や空軍が資金援助する形で科学研究が奨励された。当初もっとも有力なスポンサーとなったのが、海軍の研究機関「Office of Naval Research（海軍研究所）」だった。支援対象は必ずしも軍事研究だけではなく、数理経済学者も対象となった。高度な数学を用いる経済学が「行動科学」として認められたからだ。

宇沢はアローから、海軍研究所の資金を宇沢の研究予算にも充当していると告げられて、ひどく驚いた。軍事研究の一環なのかと不安になり、アローに根掘り葉掘りたずねた。アローが海軍研究所の資金で立ち上げた研究プロジェクトの名は「Efficiency of Decision Making in Economic Systems（経済システムにおける意思決定の効率性）」。まさに行動科学の研究だった。

宇沢が海軍研究所から研究資金を得ていることをあまりにも気にするので、アローは宇沢の研究についてはスタンフォード大学のプロジェクトに切り替える措置をとったという。

## マッカーシズムとマルクス経済学者

第二次世界大戦後、アメリカでは国策として行動科学が奨励され、一般均衡理論のように数学を用いる経済学が発展した。一方、徹底して忌避されたのがマルクス経済学だ。敗戦直後の日本でマルクス経済学者が一大勢力を形成したのとは対照的に、東西冷戦下のアメリカではマルクス主義はソ連を利する危険思想とみなされ、マルクス経済学者は存在さえ許されないような厳しい状況に置かれた。

渡米してスタンフォード大学に着いたその日、宇沢は大学新聞で海洋学部の教授が自殺したという記事を読んだ。その教授は非米活動委員会への召喚が決まっており、それを苦に自殺したのではないかと報じられていた。宇沢は意表を突かれた。マッカーシズムは過去のものと思っていたからだ。

マッカーシズムは、上院議員ジョセフ・マッカーシーが1950年2月、国務省内に多数の共産主義者がいると告発したことから始まった。その後、反共ヒステリーと呼ばれるほど赤狩りがアメリカ全土に吹き荒れたのは、東西冷戦の激化によるところが大きい。マッカーシズムが始まる前年に中華人民共和国が誕生、ソ連による原爆実験も明らかになった。マッカーシズムが始まった直後には朝鮮戦争が勃発した。

海洋学部教授の自殺から半年あまりの1957年3月、衝撃的な出来事が起きた。訪米中の日本人が突然、アメリカ議会の上院に召喚されたのである。赤狩りにあったのは都留《つる》重人《しげと》だった。

都留は、ハーバード大学留学中に左翼運動に関わっていた過去を厳しく追及された。巧妙な誘導尋問で「赤」容疑を疑われる人物の名が芋づる式に明らかにされ、そのなかに経済学者も含まれていたことから、経済学界にも波紋が広がった。複数のスタンフォード大学教授の名が挙がっており、宇沢が在籍するスタンフォード大学でも大学当局が経済学部に釈明を求める騒ぎとなった。

宇沢は都留とは面識がなく、赤狩りに巻き込まれた経緯も知らなかったけれども、経済学部の教授会の席で、「同じ日本人として、おわびします」と陳謝した。ところが、喚問で名が挙がったポール・バラン教授から意外な返答があった。

「お前のいうことはまったく間違っている。謝罪しなければならないのは私たちの方だ。彼にあのような証言をさせた非米活動委員会の存在を許しているアメリカ自体こそ非難されなければならない」

バランは主要大学では唯一といってもいいマルクス経済学者だった。過去に何度も非米活動委員会に召喚されてもいた。今また窮地に立たされたバランが、友人でもある都留をかばったことに、宇沢は感銘を受けた。これを機会に親交を深めることになったのである。

宇沢は、バランからの提案でいっしょに経済学説史の講義をしたこともあった。近代経済学者の立場で宇沢が、マルクス経済学者の立場でバランが、それぞれ経済学の歴史を語り、互いに批判しあう。奇妙な講義風景は、宇沢が近代経済学の境界を踏み越えようとしていることを暗示しているかのようだった。

## 宇沢二部門成長モデルの誕生

宇沢が経済学界で世界的な名声を獲得したのは、「宇沢二部門成長モデル」を発表した33歳のときである。経済成長の研究は、長期の市場経済の動向を分析することで、資本主義そのものの本質を探究する。資本主義観を形成するうえで、もっとも重要な研究分野である（宇沢の分析モデルの内容については後述する）。

若い研究者を中心に宇沢二部門成長モデルを用いた研究が数多く生まれ、宇沢に師事する経済学者が一挙に増えた。アロー・グループの有力メンバーだった宇沢が、宇沢グループを形成できるほど影響力をもつようになったのである。

資本主義の探究は、宇沢のメインテーマである。宇沢二部門成長モデルを発表したあと、宇沢は、最適な経済成長を実現するための指針となる最適成長理論へと歩みを進めていく。最適成長理論は、発展途上国の経済計画に取り組む研究者たちに影響を与えただけでなく、のちに、地球温暖化問題にも威力を発揮することになる。

成長理論は宇沢経済学の柱となるのだが、象徴的なことに、その出発点となった宇沢二部門成長モデルは、成長理論の権威ロバート・ソローを驚かせ、戸惑わせた。宇沢が開発した分析モデルが、新古典派経済学に疑問を呈するような性格をもっていたからである。

## ソローの成長理論

第二次世界大戦後、経済成長理論をリードしたのはロバート・ソローだった。ソローは実践的な経済学者だった。1956年から翌年にかけて、新たな成長理論の分析モデルを提示し、実際にアメリカ経済を対象にした実証的研究によって、資本主義の安定性と経済成長における技術革新の重要性を明らかにした。

ソロー・モデルの成功は二つの面で重要な意義をもった。ひとつは、東西冷戦の対立が深まるなか、資本主義の正当性を理論の裏付けをもってアピールできたこと。もうひとつは、「ケインズ革命」の主導権がイギリスからアメリカに移ったことを強く印象付けることになった。ソローの成長理論は、ソローの意図とは別に、アメリカの立場を代弁するような性格をもっていたのである。

ワルラスらが限界革命で新古典派経済学を誕生させたように、ジョン・メイナード・ケインズが1936年に著した『雇用、利子および貨幣の一般理論』(以下『一般理論』)はケインズ経済学を誕生させた。

『一般理論』は1930年代の世界恐慌への処方箋であり、長期間にわたり大量の失業者が存在している理由を解明した。それまでの新古典派経済学は、失業者がいれば賃金水準が引き下げられるから、いずれ失業状態は解消されると考えた。政府が介入せずとも、市場機構の働きで労働市場の不均衡は是正される。こうした自由放任主義の経済学は、世界恐慌の現実の前に信頼を失った。

ケインズによれば、非自発的失業の発生はむしろ市場経済の一般的な状態であり、政府が適切に市場に介入する必要がある。ただし、ケインズは資本主義体制を否定したわけではなかった。むしろ社会主義体制へ陥る危険から救い出すために、自由放任主義の新古典派経済学を否定したのである。

新古典派経済学が均衡分析に終始したのに対し、ケインズは労働市場の不均衡状態に焦点をあて、経済学を刷新しようとした。いわば不均衡分析の経済学に挑んだのだった。ただ、恐慌の処方箋を意図したため、ケインズの分析は短期が中心で、長期の分析は空白のままとなっていた。

ケインズの穴を埋めるべく長期分析に挑んだのが、ケインズの高弟ロイ・ハロッドだった。ハロッドは、経済成長に伴う供給能力の高まりと所得の上昇による需要増加が、長期にわたってバランスを保つことができるかどうかを分析した。ハロッドは、資本主義経済のもとでの経済成長はきわめて不安定的であり、均衡成長を維持するのは「ナイフの刃の上を歩む」ようなものだと結論づけた。資本主義体制のもとでの市場経済は、不安定性を特徴とするということだ。

ハロッドに対抗して、新たな経済成長理論を提示したのがアメリカのソローだった。すでに触れたように、資本主義体制のもとで市場経済が安定成長を実現していること、鍵を握るのが技術革新であることを説得的に示した。

## ケインズの跡目争い

第二次世界大戦後、ケインズ経済学が主流となったのはアメリカもイギリスと同様で、ソローはサミュエルソンとともにアメリカ・ケインジアンを代表する経済学者だった。

ケインズ革命は、それまでの自由放任主義の新古典派経済学を否定した。財政・金融政策や社会保障制度などにおける政府の役割を重視するケインズ経済学は、戦後の欧米諸国の「修正資本主義」「混合経済」と呼ばれた資本主義体制を支える理論を提供した。

ところで、ケインジアンであるソローの経済成長理論は、短期においては「不均衡分析の経済学」であったケインズ経済学が、長期においては新古典派経済学の「均衡分析の経済学」に戻ることを意味していた。つまり、短期では市場の不均衡を考慮する必要があるけれども、長期になると市場機構が十分に機能して、ケインズ以前の新古典派の市場経済観がそのまま通用すると考えたのだった。「短期はケインズ、長期は新古典派」というアメリカ・ケインジアンの経済学は、「新古典派総合経済学」と呼ばれるようになった。

新古典派の理論は一般均衡理論に基づいて発展したが、ワルラスが考案した一般均衡理論は静学（statics）だった。静学では、時間の流れを考慮せず、ある時点での経済諸量の関係を分析する。完全競争の条件のもと、市場機構の働きによって、多数の市場の需要と供給が均衡を目指して変化すると仮定するので、究極的には、すべての市場の同時均衡が考察の対象となる。いいかえれば、一般均衡理論は全市場の同時均衡状態を資本主義の「あるべき姿」として描いているともいえる。

しかし、静学であるかぎり、それは瞬間写真だ。短期分析には有効でも、長期分析には適用できない。長期になると、人口や技術水準、生産設備など様々な要素が変化する。産業構造や消費傾向なども変わるので、短期分析と長期分析には根本的な相違がある。理論を長期化することを動学化ともいうが、時間の流れを考慮に入れた分析が動学（dynamics）である。静学が静止画とすれば、動学は動画だ。経済成長研究は超長期の分析なので、当然、動学の領域である。

ソローが成長理論を構築する際、意識していたのは一般均衡理論を動学化することだった。実際、ソローの貢献は、ケインズ経済学を一般均衡理論に統合したことにあった。静学である均衡分析を動学へと拡張すれば、「資本主義体制は安定的」という結論を導くことは容易に想像できるだろう。

ハロッドとソローの分析モデルの前提の違いは、労働と資本が代替的か否かにあった。ハロッド・モデルでは代替がきかないが、ソロー・モデルでは労働と資本は代替可能である。たとえば、自動車を製造する際、ある工程でロボットを導入した方が労働者を雇用するより生産費が安くすむ場合、労働者がすみやかにロボットに置き換わる。このような「資本のマリアビリティ（可塑性《かそ》）」は新古典派に特有な前提であり、ソローの成長理論では、経済成長とともに資本と労働の間でスムーズに代替が起こることによって、経済成長の安定性が保証される。ソローが、一財しか存在しない経済を想定したのは、新古典派の前提に制約された結果だとも解釈できるだろう。

ハロッドは、ケインズが展開した短期の不均衡分析を、長期に拡張しようと試みた。一方、ソローは、ケインジアンでありながらも、長期では新古典派の均衡分析を採用した。その結果、ハロッドは経済成長の不安定性を指摘し、ソローは安定性を唱えることになった。資本主義の捉え方をめぐるふたりの対立は、経済学をどの方向に発展させていくべきかという問題でもあった。そして、軍配はソローに上がったのだった。

ソローの成長論は、第二次世界大戦後、長期にわたり安定成長を実現したアメリカをはじめとする先進国を範としていた。先進国の現実が、ハロッドではなくソローの理論を支持したわけである。

ところが、ソローと同じく新古典派の理論前提を採用しながら、ハロッドと同様の結論、「ナイフの刃の上を歩む」ような資本主義の不安定性を導く奇妙な成長モデルを開発した新古典派経済学者が現れた。宇沢弘文である。

## マルクスにヒントを得た宇沢

ソローを驚かせたのは、宇沢二部門成長モデルの前提だった。ソロー・モデルが一財だけしか存在しない経済を前提としたのに対して、ウザワ・モデルは資本財と消費財という二部門の経済を想定していた。資本財は、生産活動に投入される財である。さらに宇沢は、労働者と資本家の二階級社会を想定したうえで、労働者は賃金をすべて消費し、資本家は利潤のすべてを投資にまわすと前提していた。

前提の違いをめぐって宇沢と激論になったが、ソローは一歩も引かなかった。宇沢が、ハロッドと同じく、「資本主義は不安定である」という結論を導き出していたからだ。

ある日、ソローは宇沢から意外な告白を受けた。ウザワ・モデルは、マルクスが『資本論』第二巻で資本蓄積の過程を分析するために考案した再生産表式を、新古典派経済学の体系に取り込む試みだったと、宇沢が正直に話したのである。ソローが驚愕したのも無理はない（マルクスは、商品資本の循環範式で再生産の過程を分析する際、社会的総資本を生産手段生産部門と消費手段生産部門に分ける二部門分析を展開した）。

ソローにインタビューした際、当時の心境についてたずねると、穏やかな口調が一転して、大げさともおもえるほど大きな声で答えた。

「もちろん、ヒロの説明にびっくりしたことはいまでもはっきり覚えているよ！　そのときは、『私は正しい！　ヒロはまちがってる！』とおもいましたけどね。実際のところ、ヒロの二部門モデル分析は、マルクスの経済学とはまったく関係がないんですよ。たとえていうなら、モーツァルトにインスピレーションを得て作曲した音楽が、モーツァルトの音楽とは似ても似つかない曲になるようなものです」

## 資本主義観の対立

宇沢は、資本と労働が代替可能な新古典派の前提を採用していたから、モーツァルトの喩えはそのかぎりでは正しい。実際、ソローからの説得を受け入れ、宇沢は、「労働者は賃金すべてを消費し、資本家はすべての利潤を投資」というマルクス的な前提を放棄し、新たなヴァージョンの宇沢二部門成長モデルをつくった。

しかしながら、新ヴァージョンでも、資本主義のもとでの市場経済は必ずしも安定的ではない、という宇沢の結論は変わらなかった。宇沢二部門モデルでは、資本財部門と消費財部門という二部門の間で資本と労働の代替がどのような関係にあるかが経済成長の安定性を左右するので不安定性の問題は解消されない。

結局、宇沢とソローの資本主義観は対立したままだったのである。

宇沢が『資本論』にヒントを得て二部門モデルを考案したことについて、アローにも見解をたずねてみると、わかりやすく解説してくれた。

「ヒロが二部門モデルでやったことは、（生産財を）資本財と消費財に分けるという、マルクス、そしてリカードのアイデアを、近代経済学の理論で解釈し直すことでした。そうすると、驚くべき結果が導かれたわけです。（ソロー流の一部門分析の）ちょっとした修正といった類のものではなく、実際、本当に新しい分析結果であり、きわめて重大な意味をもっていました。宇沢二部門モデルの論文があんなに有名になったのはそのためです。私は彼（の取り組み）は正しかったとおもいますよ」

アローが強調したのは、革命思想家としてのマルクスではなく、経済分析家のマルクスの発想を新古典派経済学に移し替える試みに宇沢が挑戦したということだ。分析家マルクスは先行者リカードの系譜を継いでいる。宇沢の狙いは結局、新古典派以前の古典派経済学の動学的な視点を導入することにあったという解釈である。

## ソローの論敵

じつは、宇沢が二部門モデルの論文を著す際に参照したのはマルクスだけではなかった。イギリスの女性の経済学者ジョーン・ロビンソンが著した『資本蓄積論』にも影響を受けていた。ロビンソンは、ケインズが『一般理論』を著す際、ケインズを支えた「ケインズ・サーカス」と呼ばれる若手経済学者グループの中心人物だった。

ロビンソンは、ケインズが『一般理論』を出版した後、マルクスを研究するようになり、さらに、ハロッドの経済成長理論にも刺激を受けながら、『資本蓄積論』を著した。ロビンソンが試みたのもハロッドと同じく、ケインズ『一般理論』の不均衡分析を長期に拡充することだった。

ソローを驚かせた宇沢二部門モデルの前提、すなわち、資本財と消費財の二部門の経済、資本家と労働者の二階級社会という前提は、ロビンソンが『資本蓄積論』で採用した前提を踏襲したものだった。宇沢もまた、不均衡分析を志向していたということになる。

宇沢が二部門モデルを発表した当時、ロビンソンはソローと激しい論争をしていた。アメリカ・ケインジアンのソローが「短期はケインズ、長期は新古典派」という新古典派総合経済学を展開していることに対して、ケインズ直系のロビンソンは「バスタード・ケインジアン（似非《えせ》ケインジアン）」と激しく批判した。ロビンソンとソローの対立は、ケインズ直系のイギリスの経済学者たちとアメリカ・ケインジアンの争いという様相を呈するまでになっていたのである。

この論争が、「資本論争」と呼ばれたのは象徴的である。ケインズの経済学を一般均衡理論に統合しようとするソローは「資本のマリアビリティ（可塑性）」を前提にしていた。ロビンソンは、時間をかけず形を変える資本を仮定することは、「時間」の概念を廃止するに等しい暴挙だと非難した。ロビンソンが「資本とは何か」と執拗に問いかけた論拠は、『資本蓄積論』にあった。不均衡分析を長期に拡張しようと試みたロビンソンだったが、「資本が計測できない」という難題にぶつかり、立ち往生してしまったのである。

資本はそれ自体が市場経済で生産される生産財であり、利子率が変化すれば、資本の量も変化する。ソローの成長モデルで、資本と労働を変数とする生産関数が採用されていたことに対して、ロビンソンは、「資本をどうやって計測するのか」と問いただした。「資本とは何か」というロビンソンの問いは、生産設備や労働といった生産要素が市場条件の変化にあわせて瞬時に変形するという前提、つまり、「資本のマリアビリティ（可塑性）」に対する根源的な批判だったことは確かだ。もっとも、ロビンソン自身も答えを持ちあわせていたわけではなく、結果的には、ソローの理論が主流派の経済学者たちに広く支持されたため、ロビンソンの抗議はかき消されてしまった。

元来、アルフレッド・マーシャルを始祖とするイギリスのケンブリッジ学派は、アダム・スミスからジョン・スチュアート・ミルに至る、動学的な視点をもつ古典派経済学の長所を引き継ぎながら、新古典派経済学を展開していた。その流れをくむケインズ、そしてケインズの高弟ロビンソンも、現実の分析を重視した動学への関心を強く持っていた。「アメリカの数理経済学者」として一般均衡理論の研究で頭角を現した宇沢は、ロビンソンを通じて、ケインズやマルクスの問題意識、さらには「イギリス経済学」に目を向けるようになり、「アメリカ経済学」を客観視できるようになった。のちに、宇沢版の『資本蓄積論』ともいえる宇沢独自の投資理論を構築して、理論経済学者から絶賛されることにもなる。

ソローが宇沢を必死に説得したのは、背後にロビンソンの存在を認めたからでもあっただろう。宇沢は、ケインズ直系とアメリカ・ケインジアンのあいだで繰り広げられた資本論争に、両者には属さないまったく独自の立場から参戦していたのである。

## ジョーン・ロビンソンとの遭遇

ちょうど宇沢が二部門モデルの論文を書き上げたばかりのころ、ロビンソンが訪米して主要な大学で講演をしていた。宇沢は、カリフォルニア大学バークレー校でのセミナーに参加してロビンソンと初めて会ったのだが、そこで異様な光景を目にすることになった。宇沢とも親しい同世代の経済学者が、質問の体をとりながら、敵意をむき出しにしてロビンソンに食ってかかったのだ。ロビンソンがソローやサミュエルソンを似非ケインジアンと批判したことに対する仕返しだった。宇沢は、資本論争が単なる学説の対立ではないことを悟ったのだった。宇沢が回想している。

「セミナー終了後、私はジョーン・ロビンソンをキャンパス内の宿舎まで案内したが、途中、彼女がいかにもさびしそうに、なぜアメリカの若い人々はあのようなアグレッシブな態度を取るのだろうか、アメリカの社会的雰囲気を反映したものなのだろうか、と話していたのがいまでも強く印象に残っている。暮色濃いなか、うっそうとした巨木に囲まれたバークレーの小径を、彼女がインド式の肩掛けかばんを掛けて歩いていた姿がつい昨日のように思われるが、数えてみればすでに二〇年以上も前のことになる」(『季刊現代経済』日本経済新聞社)

## 疑念の芽生え

カリフォルニア大学での初対面から10年あまりのちの1973年2月、宇沢は日本の箱根でロビンソンと対談している。宇沢はすでに新古典派経済学に批判的なスタンスを明確にしていたのだが、ロビンソンにその理由をたずねられ、宇沢二部門モデルを発表したときのエピソードを語っている。

「この論文に対する当時の同僚の大部分は、モデルの前提に当惑を示して、とくにサミュエルソンとソローはもっとも批判的でした。そのとき私は経済に対する見方にきわめて著しい違いがあると感じたわけですが、私自身、アローやソローのもとで長い間研究をつづけ、あまりにも一般均衡分析的なアプローチに染まりすぎていたと認めざるをえません」

(『現代経済学への反省』岩波書店)

結果からみれば、出世作となった宇沢二部門成長モデルの論文は、「アメリカ経済学」から宇沢を引き離すきっかけとなった。資本主義観を検討し直したことが、アローやソロー、サミュエルソンたちとの関係を変えた。

重要なことは、「アメリカ経済学」からの離反が、たんに学問上の疑問だけから生じたわけではなかったということである。

## ケネディ大統領のブレイン

1961年1月、ジョン・F・ケネディが史上最年少の43歳で当選し大統領に就任した。ケネディ大統領は、大統領直属の大統領経済諮問委員会（CEA）に経済学界の俊英たちをリクルートした。当初はサミュエルソンを委員長に据える予定だったが、サミュエルソンは正式メンバーになるのは固辞して裏方としてCEAを支えることになった。アローやソローは正式メンバーとしてCEAに参加することになった。

宇沢は、尊敬する先達が一斉に大統領のブレインにおさまったことに戸惑いを感じた。とくにソローは経済成長理論の権威なので、アメリカの経済成長政策に影響力をもつようになった。宇沢がソローと濃密な議論を交わしていたのは、ソローがケネディ大統領のブレインとなり、ケネディ政権が掲げる成長戦略の理論的支柱として活躍をはじめる時期と重なっていた。

大統領のブレインとなった仲間への違和感は、アメリカがベトナムへの政治介入を深めていく過程で、不信感へと変わっていった。

# 第3章　ベトナム戦争とアメリカ経済学

## 東西冷戦と南北問題

ソ連を盟主とする東側陣営とアメリカを盟主とする西側陣営が敵対する東西冷戦の構図は、経済学にも制約条件として作用した。前章で触れたように、戦後アメリカで行動科学が奨励されたのも、東西冷戦が影響していた。一方で、戦後経済学には東西冷戦とならぶ難題があった。発展途上国の問題である。

アジアやアフリカ、ラテンアメリカでは、第二次世界大戦後に多くの国々が植民地からの独立を果たした。旧植民地国は発展途上国として、経済開発をスローガンに工業化の達成を新たな国家目標とするようになった。これら一群の発展途上国は「第三世界」とも呼ばれるようになる。

第三世界と先進国との経済格差は縮小するどころか拡大傾向にあり、「北」の先進国と「南」の発展途上国の南北格差は国際問題となった。そして、南北問題にも、やはり東西冷戦は影を落としていた。アメリカとソ連はそれぞれ自国の影響下に発展途上国を引き入れようと、途上国への支援をめぐって競争を繰り広げていたのである。

経済成長の研究も南北問題を反映して、先進国を対象とした「経済成長（economic growth)」の研究と、発展途上国を対象とする「経済発展（economic development)」の研究に分岐していた。

## 発展途上国の貧困問題

宇沢は、ジョーン・ロビンソンの『資本蓄積論』に示唆を受けて宇沢二部門モデルを開発したのだが、ふたりには共通の関心事があった。南北問題である。ロビンソンは、ケンブリッジ大学の同僚でもある経済学者の夫と結婚したばかりのころ、夫の仕事の関係からインドで暮らしていた。経済学を学ぶきっかけが貧困問題への関心だったこともあり、南北問題は彼女の終生のテーマとなった。

一方の宇沢も、しばしば飢餓に見舞われる発展途上国の現状に強い危惧を抱いていた。敗戦後の荒廃した日本からやってきた自分は発展途上国側の人間だという自覚を持っていた。

経済成長理論に取り組む前、宇沢は、経済開発の研究で著名だったホリス・チェネリーと共同研究をしていたことがあった。チェネリーも、ソローらが大統領経済諮問委員会に参加したように、ケネディ政権が誕生するとケネディ政権が新設したＵＳＡＩＤ（米国国際開発庁）の要職に抜擢され、対外経済援助の現場で指揮をとることになった。その後、世界銀行の副総裁をつとめることにもなる。

宇沢はチェネリーの研究に敬意を抱いてはいたが、共同研究の際は、発展途上国の捉え方をめぐって意見が対立したとも語っている。

「その頃、私はスタンフォード大学で経済学を教えていたが、チェネリーとしばしば共同研究にたずさわっていた。いずれも経済発展にかんする問題についてであったが、経済発展の意味するところをめぐって、チェネリーと私とはいつも激論を交わしていた。チェネリーが、新古典派経済学の考え方は普遍性をもち、どのような経済に対しても、またどのような歴史的時点においても適用可能だと主張するのに対して、私は、経済はそれぞれの国ないしは地域の自然的、歴史的、社会的、文化的諸条件によって大きく規定されるものであって、新古典派経済学という一つの理論的枠組みをもって統一的に分析することはできないといってゆずらなかったからである。とくに、日本、インドなどという、古い歴史をもち、特有の文化をもつアジアの国々に対して、新古典派経済学の考え方を適用しようというのは、まったくの論外だとつよく主張した」(『ヴェブレン』岩波書店)

文章のつづきで自分の見解は稚拙だったと反省もしているのだが、回想の要所は、新古典派の分析には限界がある、と当時の宇沢がすでに認識していたという事実だ。

発展途上国の開発政策では、キャッチアップ型の工業化にみられるように、政府による「計画」は必須である。開発計画を立てる際、それぞれの国の固有事情を考慮しなければ成功しないこともむしろ常識に類する。新古典派のように「普遍性」を安易に謳えないのが、「経済発展」の特徴なのだ。

宇沢二部門モデルは、ある意味で、世界に対する宇沢のはじめての思想表明だったともいえる。ソローとの緊迫したやりとりをつづけながら、宇沢は二部門モデルをさらに発展させ、資本財部門と消費財部門にどのように希少資源を配分すれば望ましい発展を達成できるか、そうした発展途上国の計画策定に役立つ二部門最適成長理論を開発することに成功する。発展途上国を念頭において、最適成長理論という新たな研究領域を切り拓いていった。アメリカ政府のブレインとして活躍したソローとはまったく別の道を歩むことになったわけである。

## 「君は共産主義者なのか?」

ケネディが大統領になった直後の1961年4月末、ケネディ政権はベトナムに派遣している軍事顧問団の増派を決定した。新たな部隊や武器の導入を禁じた1954年のジュネーブ協定に違反する決定であり、アメリカが本格的な軍事介入を始める兆候だった。

このころ、宇沢はバークレーのある経済学者の自宅で親しい同僚3人と話す機会をもった。インドシナ半島の問題を話題にしてケネディをいくぶん激しく批判すると、同僚のひとりが「君は共産主義者なのか?」と問うてきた。宇沢は間髪入れず、「Yes, of course」と啖呵を切るように言い返した。共産主義者ではないし政治活動をしているわけでもなかったが、マッカーシズム以降に蔓延した政治的な話題は避けるという風潮に疑問を感じていたがゆえだった。

翌日、前夜の会話の場にいた別の同僚がどういうわけか、バークレーの共産主義者グループのリーダーを知っているから会ってみないか、と声をかけてきた。大学内の待ち合わせ場所にあらわれた「共産主義者グループのリーダー」を一目見て、宇沢は不審に感じた。どう見ても公安関係者にしか見えなかったからである。紹介した同僚とは日頃親しくしていただけに、「くだらないことをするなあ」とあきれてしまった。

## シカゴ大学移籍の謎

アメリカでベトナム反戦運動が広がりをみせるのは1960年代半ば以降だが、宇沢はそれよりずっと前から、アメリカの軍事介入がいずれベトナムの内戦を大規模な戦争に変えてしまうのではないかと懸念していた。宇沢の危機意識は、宇沢自身の戦争体験に根ざしたものだった。盧溝橋事件以後、日本は中国への軍の増派を繰り返し、日中戦争を泥沼化させた。アメリカもいま、当時の日本と同様の愚行に走っている。

宇沢の懸念をよそに、ソローたちは大統領経済諮問委員会でケインズ的政策の指針を練るのに忙しかった。ケネディ政権の経済運営がうまくいったため、ケネディ大統領が掲げる「ニューフロンティア」政策にひっかけて、アメリカ・ケインジアンの新古典派総合経済学は「ニューエコノミクス」と呼ばれるようになった。ケインジアンたちは学界においても政界においても絶頂期にあった。

だが宇沢は、研究仲間でもある彼らの活躍ぶりを複雑な思いで見守っていた。アメリカ・ケインジアンがわが世の春を謳歌していた1964年の春、宇沢はスタンフォード大学を去って、シカゴ大学に移籍している。

准教授だった宇沢が35歳でシカゴ大学の正教授に就任したのだから、ふつうなら栄転である。ところが、友人には不評で、批判めいた言葉を口にする経済学者すらいた。シカゴ大学はミルトン・フリードマンが率いるシカゴ学派で知られ、反ケインズの経済学を掲げる市場原理主義者の牙城とみなされていたからだ。

宇沢のシカゴ移籍の謎を読み解くには、当時のアメリカ経済学界の勢力図を知っておく必要がある。主導権を握っていたのは、ケネディ政権、ジョンソン政権に影響力をもつほど勢力を拡大したケインジアンだった。フリードマン率いるシカゴ学派は、在野から権力を討とうとする挑戦者の立場にいた。

宇沢は、フリードマンとは対極の見解をもち、しょっちゅう議論を戦わせる仲だったけれども、他方で、アメリカ・ケインジアンに与《くみ》することもできなくなっていた。

## もうひとつのシカゴ学派

シカゴ大学では、フリードマンのシカゴ学派に対抗するように、宇沢は、宇沢自身が切り拓いた経済成長理論を中心に据えたワークショップを開催するようになった。もうひとつの「シカゴ・スクール」を立ち上げたのである。全米から優れた若手理論家を厳選して招聘し、参加者は大学の宿舎に1ヵ月から数ヵ月滞在させる徹底ぶりだった。

宇沢が全米屈指の理論家と評されていたことから、ジョセフ・スティグリッツ、ジョージ・アカロフ、ロバート・ルーカス、ウィリアム・ノードハウスなど、未来のノーベル経済学賞受賞者たちが何人も集まってきた。伝説的に語り継がれることにもなったワークショップは〝宇沢率いるシカゴ学派〟だったのである。

スティグリッツは22歳の大学院生のときに宇沢と出会った。そのときの印象を私のインタビューではつぎのように語っている。

「ヒロは〝不平等（inequality）〟にとても強い関心をもっていましたね。いまでこそ、誰もがこの問題に関心を向けるけれども、彼は当時から深刻に捉えていたのです。実際に、不平等の問題を熱く語ってもいました。私にとっても、重要なテーマでした。じつは不平等の問題は、私が経済学を選んだ動機となったものなのです。そんな私が、宇沢弘文という情熱的なメンター（指導者）と出会えたのですから、これほどすばらしい巡り合わせはなかったですよ」

教え子のなかで宇沢がとくに期待を寄せたのがスティグリッツとアカロフだった。新古典派理論の欠陥を深く認識していたからだ。期待どおり、ふたりは情報の非対称性という観点から新古典派の常識を覆す試みを進め、２００１年にノーベル経済学賞を受賞している。

アカロフの妻ジャネット・イエレンは女性として初めてＦＲＢ（米連邦準備制度理事会）議長に就任した経歴をもち、バイデン政権では財務長官をつとめているが、対照的にアカロフはきわめてアカデミックな人物である。宇沢ワークショップの思い出をたずねると、アカロフはなつかしそうにふりかえった。

「ヒロは私たち全員の父親でした。私がいままで出会った人のなかで、誰よりも意志の力（will power）が強い人だった。何か伝えようとするとき、ヒントを与えようとするとき、彼は自信に満ちた態度で感情豊かに全身で伝えようとしました。私たちが彼の言葉をどう受け止めるのか、とても寛容に見守ってくれた。もっとも、きちんと伝わるまでは彼も決してあきらめようとしませんでしたけどね」

宇沢のワークショップに参加したこともある経済学者の青木昌彦は、「数理経済学の最先端で活躍して、あそこまで尊敬された経済学者は日本人ではあとにもさきにも宇沢さん以外にはいない」と語っていた。スティグリッツやアカロフの回想は青木の言葉を裏付けるものだった。アカロフはこんな言葉を口にした。

「日本語ではHiroだろうけど、ここアメリカでは彼はHero（英雄）だったんですよ」

全米の優れた若手理論家が結集したウザワ・ワークショップは、しかし、宇沢がアメリカで放った最後の光芒となってしまった。宇沢の懸念どおり、アメリカが軍事介入をエスカレートさせ、ベトナムで大規模な戦争を始めたからだ。

## ベトナム反戦運動

1963年11月にケネディ大統領が暗殺されると、副大統領のリンドン・ジョンソンが大統領に昇格した。翌年8月、トンキン湾でアメリカの駆逐艦が北ベトナムの魚雷艇に攻撃されたことを受け、アメリカ議会でトンキン湾決議が可決された。戦争遂行の権限をジョンソン大統領に委ねる、事実上の白紙委任状だった。アメリカ軍が北ベトナムに本格的な空爆を開始したのは65年3月からだった。

シカゴ大学では、1966年に入るとベトナム反戦運動が激しくなり、学生たちが大学の本部棟を占拠した。当時のアメリカは徴兵制で、各地の徴兵事務局にかなりの裁量が認められていた。反戦運動に参加している学生や成績の悪い学生から徴兵されるという動きが実際にあり、学生の成績を徴兵局に送らないよう求める運動が起きた。シカゴ大学での本部棟占拠もその流れをくむものだった。

宇沢は学生たちの行動を憂慮し、反戦運動で連帯していた哲学専攻のジョン・ドラン助教授などといっしょに仲裁役を買ってでた。宇沢たちが大学当局に示したのは、全学部の教授が学生の成績をつけない、という調停案だった。

シカゴ大学の全教授が集まった会合で、宇沢は調停案の内容を説明して理解を求めた。賛成多数で調停案は承認され、学生たちは本部棟の占拠をやめた。宇沢たちの仲裁は功を奏したのである。

一連の騒動で、宇沢は忘れがたい光景を目にした。ベトナム反戦を唱える学生たちが本部棟の占拠を始めた際、ピケを張る学生に棍棒などを手に殴り込みをかけている学生グループがいたのである。グループの名は「Capitalism and Freedom」。ミルトン・フリードマンが著した市場原理主義の啓蒙書のタイトルをそのまま借用していたのだった。

ベトナム戦争をめぐっても、宇沢とシカゴ学派の意見は対立した。

先述の全学教授会の際、調停案の説明を終えた宇沢が壇上から降りて自分の席につこうとしたとき、「Are you a commie?」と罵声をあびせられた。「commie」は共産主義者の蔑称である。「君はアカなのか?」と宇沢をなじったわけだ。もちろん共産主義者ではなかったが、宇沢は憤怒の気持ちを込めて、「Yes, I am a communist.」と言い返した。

挑発したのはビジネススクールの教授だった。宇沢は私にこの話をしたとき、「フリードマンの子分」と呼んでいた。シカゴ学派との関係はもはや、学説の対立をこえた問題となっていたのである。

## マクナマラ国防長官と近代経済学

「近代経済学のおかれている立場をかえりみて、新しい方向を模索しようとするとき、わたくしは一つのエピソードを想起せざるを得ない。一九六六年、アメリカの上院外交委員会によって開かれた公聴会でのことである。アメリカの対外援助政策、とくにベトナム問題について、フルブライト委員長から批判的な質問がなされたのに対して、当時、国防長官であったマクナマラ氏がつぎのように証言したのである。マクナマラ氏は、まず、ベトナム戦争で投下された爆弾の量、枯れ葉作戦によって廃地化された土地の面積、死傷した共産側の人数など、豊富な統計データを掲げて、ベトナム戦争の経過を説明した。そして、これだけ大規模な戦争を遂行しながら、増税を行なうこともなく、インフレーションもおこさないできた。それは、国防省のマネジメントの改革などを通じて、もっとも効率的な、経済的な手段によってベトナム戦争を行なってきたからである。そのような功績をはたした自分がここで批判され、非難されるのは全く心外である、という意味の証言である。わたくしは、いまなおこのときのマクナマラ氏の自信にみちた姿をまざまざと思いだす。と同時に、マクナマラ証言によって、ことばに言いつくせない衝撃を受けたことをおぼえている。マクナマラ氏は経済学者ではないが、その主張するところはまさに近代経済学の基本的な考え方と通ずるものがあったからである」

これは、宇沢が日本経済新聞（1971年1月4日付）で発表した「混迷する近代経済学の課題」と題する長大な文章の書き出し部分である。はじめて近代経済学を真正面から厳しく批判したという意味で、宇沢の画期をなす論考だった。そんな重要な論考の冒頭に、なぜベトナム戦争を国防長官として指揮したロバート・マクナマラが登場しているのか。

マクナマラは、自動車大手フォードの社長に就任したばかりのときにケネディ大統領に引き抜かれ、政権に参加した。ジョンソン政権下の68年まで国防長官をつとめたことから、ベトナム戦争は「マクナマラの戦争」ともいわれた。

## 戦争に貢献した行動科学

マクナマラは、妥協を許さない徹底した合理主義者だった。ハーバード大学のビジネススクールで経営学者として教鞭をとっているときに陸軍航空部隊にリクルートされ、第二次世界大戦では大型爆撃機Ｂ29の開発計画に貢献して名をあげた。徹底した合理主義を支えたのはオペレーションズ・リサーチ（ＯＲ）の手腕だった。数理的・統計的な手法を駆使して、組織や計画を運用する際、与えられた条件下でもっとも効率的な行動を導き出す方法だ。戦時中、アメリカでは統計学者や数学者、そして数理経済学者を動員してＯＲが研究されていた。戦後の「行動科学」の源流である。

宇沢が、マクナマラ国防長官の証言を聞いて愕然としたのも無理はない。マクナマラが誇らしげに語ったベトナム戦争を効率的に遂行している方法論は、行動科学の申し子としてアメリカで活躍を始めた宇沢がもっとも得意とするところだったからだ。

ベトナム戦争でマクナマラに劣らず有名になった経済学者がいた。発展途上国を対象にした経済発展理論で著名だったウォルト・ロストウ。ケネディとは大統領になる前の上院議員時代から懇意で、ケネディが大統領になるとハーバード大学から国防総省入りした。

ジョンソン大統領のもとでは国家安全保障担当の大統領特別補佐官をつとめた。ロストウは反共主義者として知られ、政権内で早くから北ベトナムへの空爆を主張していた。ゲリラの専門家を自任するロストウは対ゲリラ戦術を提唱してもいた。

ロストウのベトナム戦争での活躍は、宇沢が疑問を抱いていたアメリカの対外経済支援の実態を浮かびあがらせることになった。ベトナムが南北に分断された後、南の共産化を恐れたアメリカは1950年代半ばから南ベトナムへの直接援助を始めていた。国家予算の大部分をアメリカが賄うようになったものの、支援金はキックバックしてアメリカ製品の輸入に費やされ、南ベトナムの経済発展にはつながらなかった。

## 「キル・レーシオ」とジェノサイド

アメリカ政治が専門の斎藤眞と対談した際、ベトナム戦争と経済学者の関係について、宇沢は赤裸々に語っている。

「当時、象徴的なことですが、若い経済学者たちが国防省に入って、戦争遂行の効率化という作業に従事した。そのなかでいちばん代表的だったのは、アラン・エントフォーフェンという若い新古典派の経済学者が、三十二歳で国防次官補になった。そして戦争の効率化をマクナマラのもとでやったわけです。そのとき彼は、「キル・レーシオ」という概念を開発したといわれている。それは、「ベトコン」一人殺すのにいくらかかるかということを計算して、国防費を効率化することによってできるだけ最小にしようとするものです。その基準として「キル・レーシオ」をつくった。当時、「ベトコン」一人殺すのに三〇万ドルかかる、それが最小の費用だとハジキ出す。それで非常に問題になったことがあります。当時、「ベトコン」一人三〇万ドルという額が問題になったんですが、私はそもそもその概念自体が冷血だと思った。エントフォーフェンはすぐれた、有能な経済学者ですが、彼が「キル・レーシオ」を開発したということは彼自身の問題というよりは、経済学、あるいはアメリカ社会の問題として狂気に近い状態になっていたのではないかという印象をもった」

エントフォーフェンはアローと共同研究していたこともあり、宇沢とも交流があった。「行動科学」を研究する仲間だったわけだ。

ベトナム戦争でアメリカは、さまざまな新兵器を使用した。大型爆弾にたくさんの小爆弾を格納したクラスター爆弾、８００℃の高熱を発するナパーム弾、生まれながらにして重い障害をもつ多くの子供たちを生むことになった枯葉剤などなどである。

宇沢は、アメリカ軍の攻撃はジェノサイドにほかならないとみなし、激しく批判していた。反戦運動にかかわっていた宇沢は、国防総省の幹部として、費用効果分析を用いて武器の殺傷能力を冷静に計算していたのがエントフォーフェンだと知ったとき、衝撃を受けた。

## アメリカとの決別

反戦学生たちの本部棟占拠事件が落ち着いたあと、宇沢はイギリスへと旅立ち、ケンブリッジ大学チャーチル・カレッジで1年間を過ごした。ジョーン・ロビンソンやリチャード・カーンなどケインズ直系の経済学者たちから、アメリカ・ケインジアンとは異なる「ケインズの経済学」を意欲的に学んだ。

イギリス滞在が終わりを迎えるころ、宇沢は、アメリカを去る決意を固めた。宇沢を促したのは、ベトナム戦争に対する憤りだった。親しくしていたジェームズ・ミード（1977年のノーベル経済学賞受賞者）に打ち明けると、ミードは驚き、ケンブリッジ大学に研究拠点を移すよう説得をはじめた。最先端の理論づくりに従事する経済学者にとって、日本は決していい研究環境とはおもえなかったからだが、宇沢の決心が堅いと知ると、「地獄に行くようなものだよ」といってミードはあきれた。

シカゴに戻ると多くの友人から慰留の説得を受けたが、決意が揺らぐことはなかった。不惑の歳を迎える1968年、宇沢はアメリカをあとにしたのだった。

# 第４章　原点としての水俣病

## ――自然と人間の経済学へ

## 行動する経済学者

1968年4月、宇沢は東京大学経済学部に着任した。シカゴ大学からの移籍は経済学者たちの注目を集めたが、アメリカの経済学界でも相当な話題となっていた。「国際的名声の頂点にあるときに、シカゴ大学の地位を放棄した」というサミュエルソンの意見がその代表といえるが、シカゴ大学教授が東大に助教授として移籍したことがさらなる驚きを与えたのである。実際、宇沢の給与と研究費の総額はシカゴ大学時代の15分の1程度にまで減った。待遇の落差がアメリカを離れる決意の強さを物語っていたともいえるが、東大では着任早々、大学紛争に巻き込まれることになった。着任の翌年には全学共闘会議（全共闘）の学生たちが安田講堂を占拠する事件が起き、東大の入学試験も中止された。

宇沢は、法学部教授の丸山真男たちと東大の再建について話し合ったりしていたが、経済学者としての関心は日本の社会そのものに向いていた。1956年に渡米した宇沢は、日本の高度経済成長期を体験していない。経済統計で復興の歩みを確認していたつもりだったが、帰国して生活をはじめると認識を改めた。先進国の仲間入りを果たした日本は、水俣病や四日市ぜんそくなど4大公害病に象徴される公害大国でもあった。「ベトナム戦争のアメリカ」と決別した宇沢は大きな課題を背負っていた。

知とはなにか。知識人の役割とはなにか。そもそも経済学は何のために存在するのか？　戦争と学問、知識人と政治、科学と倫理、理論と現実……宇沢は、経済学者になると決心したときの志を思い起こした。

かつて座右の銘とした「There is no wealth, but life（富を求めるのは、道を聞くためである）」。一人ひとりが自分自身の人生をまっとうできるような社会環境をつくる。それが経済学者の使命であるはずだ。本来の経済学を求めて、宇沢は日本で新たな歩みを始めた。

アメリカ時代との顕著な違いは、徹底した現場主義である。水俣、阿賀野川、四日市、西淀川、川崎――深刻な公害が発生していると聞けば、全国どこへでも出かけた。青森県のむつ小川原開発計画など大規模開発の現場にもたびたび足を運んだ。統計の数字にはあらわれない現象にこそ、問題を解く鍵は隠されている。それが高度経済成長の陰の領域を歩いてまわる宇沢の信条だった。公害の被害者や地元住民から丹念に話を聞きとり、科学者や法学者など専門を異にする学者たちと積極的に交流した。

宇沢は「行動する経済学者」へと変貌したのである。

## 公害と近代経済学

東大工学部で助手をしていた宇井純には、水俣病について教えを乞うた。化学者として水俣病の原因究明に携わった宇井は、水俣病の被害者を支援していた。市民運動にも深くかかわったことから、公害研究の第一人者でありながら東大では昇進できず、助手にとめおかれたままだった。

宇沢は1972年4月、かねて尊敬する宇井から自主講座「公害原論」の講師に招かれ、「公害と近代経済学」と題して講演することになった。この講演で宇沢は、公害問題に取り組んだきっかけを率直に語っている。

「私自身、特に公害の問題に関心を抱かざるをえなくなったのは四年ほど前、実は外国に長くおりまして日本に帰って来た時、実は外国にいたときには非常に遠い事件として考えていました水俣病の事件が、日本に帰って来て非常に大きな問題として私の前に出て来たとき、そのときが、今から考えますと、公害という問題を自分自身の非常に身近な問題として考えざるをえなくなったときだと思うわけです。

初めは、水俣病は、私はこれはいつか宇井さんにも申しあげたことがあるんですけど、当然、日本の現在の法体系のもとで犯罪、しかも、私は法律のことは知らないんですけど、刑事事件として扱われるべき性格のものであると、そして、いわゆる公害問題とは多少異った性格を持っている、というふうに初めは考えたわけですけど、その後いろいろ書かれたものを読んだりしていて、やはり水俣病は、日本で公害問題を考えるときに、宇井さんは確か原点という言葉を使われたと思うんですけど、原点としての役割を果すものであるという考え方を持つようになったわけです」（『宇井純収集』すいれん舎）

水俣病は、化学会社チッソの工場排水に含まれるメチル水銀化合物が原因で起きた不治の公害病である。不知火海《しらぬいかい》にのぞむ水俣湾の魚はメチル水銀をエラなどから直接取り込み、また、プランクトンなどの食物連鎖を通じて、体内に蓄積させた。不知火海は巨大な湖のような内海で、豊饒な漁場だった。主食のように魚を食する漁師やその家族たちが真っ先に中毒性の中枢神経疾患に侵された。とくに原因不明とされた初期の状況は酷く、1965年時点での死亡率は44・3％にのぼった。メチル水銀は血液脳関門や血液胎盤関門にも浸透するため、脳に障害を与え、母親の胎内にも侵入して胎児をも汚染した。

宇沢にとって水俣病が原点となったのは、水俣病患者との出会いがあったからである。あいだをとりもったのは熊本大学医学部の原田正純医師だった。当時の医学の常識では、胎盤は毒物を通さないとされていた。早くから水俣に往診に出かけていた原田は医学研究者として、胎児性水俣病の存在を医学的に明らかにした。医師として水俣病患者の診察をつづけ、患者から絶大な信頼を得ていた。

原田に伴われて胎児性水俣病患者と面談を果たしたとき、宇沢は言葉を失ってしまった。そのときの様子を原田が書き留めている。

「胎児性水俣病との出会いのとき、先生は素直に驚きと悲しみと怒りを隠そうとされなかった。そのような時、先生は決って寡黙になる。そして眼鏡の奥に涙が光る。先生にとって水俣病は耐え難き事例のようにみえる。『チッソによって生命が奪われ、健康を傷つけられた人々が完全に救済され、心休まる日がくるまで日本経済の貧困は解決できない』といわれる。現代の学者はあまり〝心休まる日まで〟などとはいわないものである」

## 憤怒

水俣病が公式に確認されたのは1956年5月で、被害者は5歳の姉と3歳の誕生日を目前にした妹の姉妹だった。姉妹の住む家もやはり海辺にあった。その後、姉は亡くなり、妹は言葉も発せない重度の障害を生涯背負うことになった。宇沢は『ゆたかな国をつくる』(岩波書店)で、姉妹が暮らした場所を訪れたときの体験を語っている。

「月の浦が埋め立てられる以前、私は何度か、その二人の少女が生まれて、発病するまでの短い時間を幸福におくった場所に立って、水俣病の悲惨を思い、水俣病を惹き起こしたチッソ、さらにはその背後にあるさまざまな制度的諸条件の非人間性、非倫理性に対してはげしい憤怒を覚えざるを得ませんでした」

宇沢は「現場」でただ情報を収集していたのではなかった。新しい経済学の探求は〝憤怒〟から始まっている。憤怒とは、アダム・スミスのいう「コンパッション（同情）」だ。アダム・スミスは『国富論』で「見えざる手」を論じて自由放任主義を唱えたけれども、『国富論』よりずっと前に著した『道徳感情論』では、人間が本来的にもつ社会性の起源としてコンパッションに言及している。宇沢は、経済学の原点に立ち返っていたのである。あまりにもはげしい憤怒となったのは、あふれんばかりのコンパッションを抱えていたからだ。宇沢はこのころを回想して私にこんな打ち明け話をしたことがある。

「日本に帰ってきてから、とくに水俣とか、公害とか環境破壊の現場を何年間も歩いていた。経済学の限界を感じて、ものすごく経済学に頭にきているときでね。それでかなり突き詰めて、新古典派経済学とは何かと。ぼくはそれまで、ほとんどの経済学の論文は読んでいたし、個人的にもサミュエルソンやフリードマンらともさかんに議論をしていた。そうしたものをもとに、ぼくなりに新古典派経済学の原型を考え、それを批判した。ディープな批判をして……一時完全に経済学と別れた時期が、10年ぐらいあるんですよね。もうほとんど大学では教えないで、全国をまわり歩いて。ぼく自身、それまで求めてやってきたことと、現実とのギャップがあまりにも大きかった。現実の問題をどうやってぼく自身がとらえるのか、そういう結構苦しい時代だったんですよ。だけど、やっぱり経済学を志した以上、なんとか経済学の考え方に投影していきたいと……」

## 経済学批判としての『自動車の社会的費用』

日本に拠点を移して6年が経った1974年、宇沢は『自動車の社会的費用』を出版した。同書はベストセラーとなり、毎日出版文化賞も受賞した。担当編集者だった大塚信一(元岩波書店社長)は当時をふりかえってこんな感想をのべている。

「『自動車の社会的費用』は、宇沢さんの宣言だったとおもうんですよ。新古典派経済学の枠組みを離脱するぞ。そう宣言したのだとおもう。いまから考えると、この本がどう受けとめられるのか、宇沢さんはものすごくナーバスになっていたようにおもいますね」

大塚の指摘は的を射ている。新古典派経済学にはない発想が、「社会的費用」の概念に込められているからだ。

『自動車の社会的費用』で宇沢は、ウィリアム・カップ(1910-1976)が論じた社会的費用の概念を用いている。まずカップの概念を確認しておこう。

カップは代表作『私的企業と社会的費用(The Social Costs of Private Enterprise)』(1950年)に重要な改訂を施し、『営利企業と社会的費用(The Social Costs of Business Enterprise)』(1963年)を著した。もともとカップは、近代経済学の「外部不経済」概念(企業などの経済活動が市場取引を経由せずに第三者にもたらす不利益や損害)の不十分さを批判する立場から、市場の外部性の問題を「社会的費用」で捉えなおそうとした。社会的費用とは、企業などが生産活動を行った結果、第三者や社会が被害を受け、加害側がその責任をとらないために生じるあらゆる有害な結果や損失を指す。カップの社会的費用は、公害だけでなく、資源の枯渇や技術進歩の遅れ、独占による損失なども含んでいる。従来の「外部不経済」より広い範囲で「社会的損失」を捉えようとしたのである。

カップは初版では、社会的費用を発生させるのは「私的企業」だとし、資本主義体制に特有の問題と捉えていた。しかし、計画経済を実践していたインドに滞在した経験から、政府や公営企業が社会的費用を発生させることを知り、経済体制の違いを超えた問題であると認識を改めた。改訂版では、「社会的最低福祉水準（social welfare minima）」という概念を前提に、現在の状態と社会的最低福祉水準との乖離が社会的費用である、との説明を加えた。

外部不経済による損失という場合、実際に発生してしまった損害を指す。しかし、カップの社会的費用の概念は、外部不経済が発生しないよう防止策をとるための費用を考慮している。損害が発生したあとの事後の補償措置ではなく、損害を発生させないための事前の予防措置を念頭に置いている。

ただし、カップの議論には不明瞭さも残っていた。とくに社会的費用の評価については、現状と社会的最低福祉水準の落差を社会的費用としながら、市場価格では計測できないとして具体的な計測方法に触れなかった。そのため、実践的な分析として展開できず、影響力をもつことができなかった。

## 社会的価値判断に踏み込む

宇沢はカップの概念を採用しながら、なおかつ、実際の計測を試みた。『自動車の社会的費用』では、道路を社会の共有財産とみなし、「安全な歩行」という市民の基本的権利を侵害しないように道路を改修するとすれば、どれだけ投資が必要かを計測した。

東京都の場合、歩道や緩衝帯を設けるために道路幅を8メートル拡張するとすれば、総額で24兆円、自動車1台あたり1200万円の投資が必要になる。1200万円の利息分を賦課するとすれば、「社会的費用税」は自動車1台あたり年間で200万円となる。これが宇沢の試算だった。

「1台あたり200万円」が注目を集めたが、宇沢の狙いはむしろ、公害を分析するために「社会的共通資本」の概念を導入することにあった。『自動車の社会的費用』では、道路を社会的共通資本とみなしたわけだ。

社会的費用の計測は、「あるべき状態」という社会的な価値判断（カップの場合は「社会的最低福祉水準」）を前提にしてはじめて可能となる。宇沢は、「道路の安全な歩行」が守られる状態を「あるべき社会」として想定したが、こうした発想は「社会性」を捨象したホモ・エコノミクスを前提にする新古典派経済学にはない。『自動車の社会的費用』が主流派（新古典派）から逸脱しているとすれば、社会的価値判断の問題に踏み込んだからだ。なぜ宇沢があえて禁を犯したかといえば、社会的価値判断をおろそかにする姿勢が戦争や公害への無関心を招き、しばしば経済学者を反社会的な言動に走らせるからである。

社会的費用の概念を唱えたカップと異なり、宇沢は、社会的費用を市場価格に換算して計測することにこだわった。カップは計測する術をもたなかったが、世界屈指の数理経済学者である宇沢は計測する技術をもっていた。具体的にいえば、カール・メンガーを始祖とするオーストリア学派の帰属価格の考え方を用いて、「社会的限界費用の価格付けの原理」を社会的共通資本の理論に組み込むことで、社会的共通資本に付随する「見えない価格」という難問に対処したのである（P100の帰属理論の解説を参照）。「新古典派理論を根源から批判し、同時に、新古典派理論の分析テクニックを駆使する」という、矛盾に満ちた境界領域を宇沢は踏破していくことになる。社会的共通資本の説明は次章に譲るが、新しい経済学が〝憤怒〟に始まることをあらためて確認するため、『自動車の社会的費用』の一節を引用しておく。

「水俣病、イタイイタイ病、四日市ゼンソクなど公害病によって健康を蝕ばまれてきた人々について、一般に所得水準の低いことが、公害問題を社会的に深刻なものとしている一つの大きな要因である。

環境破壊がおきたとき、あるいはおきると予想されるときに、所得水準の高い人々は、より環境の良好な場所に移り住むことが可能である。しかし低所得者階層は、経済的あるいは職業的な事情によって、たとえ環境が汚染されていても移るということが困難な場合が多い。したがって、環境破壊によって、名目所得の分配にかんする不平等性がさらに拡大されたかたちで、実質的生活水準の不平等となってあらわれることになる。しかも、環境を汚染・破壊する経済主体は、そのような活動によって便益を享受することができる。環境破壊者と被害者とは異なるのが普通であって、しかも、所得分配の不公正性に拍車をかけることになる場合が一般的である。所得分配の公正ということについて取扱うことを回避する新古典派の考え方に立つとき、公害問題について意味のある発言をすることができるであろうか。せいぜいパレート最適の基準にもとづいて資源配分の効率性を論ずることができるにすぎない」

# 第5章　社会的共通資本とリベラリズム

**社会的共通資本とは**

『自動車の社会的費用』を執筆した40代半ばから86歳で生涯を終えるまで、宇沢は、社会的共通資本の経済学を構築することに全精力を注いだ。

社会的共通資本は、広い意味での「環境」を経済学の対象にすることを意図して、宇沢がつくりだした概念である。社会的共通資本は３つの範疇にわけることができる。

**①　大気、森林、河川、水、土壌などの自然環境**

**②　道路、交通機関、上下水道、電力・ガスなどの社会的インフラストラクチャー**

**③　教育、医療、司法、金融などの制度**

宇沢は、社会的共通資本の役割についてつぎのように説明している。

「社会的共通資本は、一つの国ないし特定の地域に住むすべての人々が、ゆたかな経済生活を営み、すぐれた文化を展開し、人間的に魅力ある社会を持続的、安定的に維持することを可能にするような社会的装置を意味する。社会的共通資本は、一人一人の人間的尊厳を守り、魂の自立を支え、市民の基本的権利を最大限に維持するために、不可欠な役割を

果たすものである」(『社会的共通資本』岩波新書)

近代経済学は市場の分析に注力してきたが、宇沢は、「環境」をふくめた社会そのものを分析しようとした。自然と人間の関係をも射程に入れた経済学の構築に挑んだのである。

## 一般均衡理論の教訓

宇沢は、ケネス・アロー、レオニード・ハーヴィッツとともに一般均衡理論の世界的な第一人者だった。第2章で詳しく触れたように、一般均衡モデルは、完全競争の前提のもとで、すべての市場が均衡状態にある均衡市場体系について考察する。完璧な市場原理主義の世界といえるが、その理論を極めた宇沢やアロー、ハーヴィッツはむしろ、一般均衡モデルの限界を厳密に確定していくことで、経済学の新たな課題を発見していった。私的な財ではない公共財をどう扱うべきか、不確実性や規模の経済(外部経済)の存在をどう捉えるか、などといったテーマである。一般均衡理論を極めたからこそ、彼らは新古典派理論のウィークポイントを熟知していた。

興味深いことに、市場原理主義の教祖的存在となったミルトン・フリードマンはワルラスの一般均衡理論に批判的で、宇沢たちのようには一般均衡理論に通じていなかった。アローに取材した際、宇沢とまったく同じ視点でフリードマンを厳しく批判したことが強く印象に残っている。アローや宇沢からすれば、市場原理主義を唱える経済学者たちは市場機構が円滑に機能することを前提にするけれども、理論的根拠となる分析モデル（市場経済の全体像）は持ち合わせていない、ということになるだろう。イデオローグとして市場原理主義を喧伝しているにすぎない、という批判である。

アローは不確実性が存在する場合や情報が不完全な場合の市場について先駆的研究をしたし、ハーヴィッツは市場原理主義と計画経済の双方を相対化するメカニズムデザイン論の創始者となった。公害に直面した宇沢が、新古典派では十分な分析が不可能な外部性の問題を抜本的に捉え直すため、社会的共通資本の概念を導入したことは意外とはいえない。豹変したとはいえ、理論家としては、アメリカ時代との連続性が確かに存在する。

高度経済成長の「陰」としての公害、環境破壊は、その規模と深刻さにおいて世界に類をみないほど酷い状況だった。日本の公害問題は、既存の経済学の「外部不経済」の概念で考察できるほど生易しいものではなかった。

「外部不経済」「環境問題」の存在を指摘するだけならたやすい。「環境」を経済学の概念として明確に定義し、理論的な枠組みに入れ込み、経済変動のメカニズムのなかでどのような役割を果たし、社会にどのような影響をもたらしているのかを分析する。それが、理論家として宇沢が引き受けた役割だった。21世紀の人類の課題を、宇沢は終生手放さなかった。

## 市場経済の土台

しっかりとした社会的共通資本のネットワークという場があって、はじめて市場は機能する。発展途上国を論じる際、これはむしろ常識である。じつは、宇沢が社会的共通資本の考察を始めた際、『経済発展の戦略』（1958年）でアルバート・ハーシュマンが論じた「social overhead capital」の概念が念頭にあった。宇沢は「社会的共通資本」を最終的には「social common capital」と命名するが、それまでは「social overhead capital」を用いていた。「社会的共通資本は市場経済の土台」という宇沢の発想の源をたどるとき、このエピソードは示唆的である（「social overhead capital」は「社会的間接資本」と訳される）。

social overhead capital が果たす役割の重要性は、工業化を果たした先進国より、発展途上国を見るほうが理解しやすい。ハーシュマンの特徴は、social overhead capital を広く捉えたことだった。運輸、通信、水道などはもちろん、教育、公衆衛生、法律、金融なども含めて考えている。一国の経済発展にどのように貢献しているかという観点から、「社会インフラ」と総称されるものを捉え直そうとしたわけである。

宇沢は公害を分析する際、social overhead capital の概念を足がかりにしようとしたけれども、ハーシュマンの広い定義でも「自然」が対象に入らない。水俣病は、漁師たちがみんなの財産として大切に守ってきた海を、チッソが勝手放題使える自由財として扱ったために起きた悲劇だった。「自然」をも「資本」と捉え、分析の対象とすること。それが宇沢にとって譲れない一線だった。

## 「市場は社会に埋め込まれている」

社会的共通資本の概念は独特だ。インフラを「社会資本」と呼ぶのはいいとして、「自然資本」や「制度資本」という呼び方は一般的とはいえない。宇沢の「資本」の定義は、アメリカの数理経済学者アーヴィング・フィッシャーにならったものだ。

フィッシャーは、あらゆる富を「資本」とみなし、資本から得られるサービスを「所得」とみなした。このざっくりした定義によれば、資本はある一時点における富のストックということになる。一定期間内の「生産」は資本を増やし、「消費」は資本を減らすから、「生産」や「消費」はフローの概念だ。フィッシャーの資本概念を用いれば、資本を時間で微分したものが投資で、投資を積分すれば資本となる。「資本」を哲学的に考える向きには抵抗があるかもしれないが、フィッシャーの定義は数学的定式化を意図しており、資本蓄積過程を数理分析する宇沢の目的には合致した定義だった。

通常、一国の経済はＧＤＰ（国内総生産）などフローの指標を中心に論じられる。だが、社会的共通資本の分析はストックに重きを置く。たとえば森林という自然資本が棄損された場合、工業製品を増産するようには森林を再生することはできない。エコロジカルな要因が影響してくるからだ。自然資源はいったん棄損されると再生不可能となることも珍しくない。適切なストック量を安定的に保つことがより重要なのである。

宇沢は、「持続可能な社会」をジョン・スチュアート・ミルが『経済学原理』（１８４８年）で言及した「定常状態（on Stationary State）」に範をとって考えた。ミルは、富のストックが安定的に保たれている状態にあっても、ひとびとの経済活動や文化活動が活発に営まれている社会を「定常状態」で表現しようとした。富のフローの拡大を重視し、ＧＤＰの前年比伸び率を社会の目標に据えるような姿勢とは対極的な考え方である。

宇沢の教え子で社会的共通資本論の形成過程に詳しい京都大学名誉教授の間宮陽介は、宇沢が社会的共通資本の概念を用いて非市場領域を捉えようとしたことを、リンゴの絵にたとえて解説する。リンゴの絵は、リンゴだけでは成立せず、背景も描かれている。新古典派経済学者はリンゴ（市場領域）ばかり見ようとするけれども、宇沢は、背景（非市場領域）もあわせて見る。宇沢の資本主義観は「市場は社会に埋め込まれている」という見方を提示した経済人類学者カール・ポランニーに酷似している、と間宮は指摘する。

主流派経済学はあたかも「社会＝市場」であるかのような見方をするが、こうした思考法だと、非市場領域は「市場化すべき領域」に見えてしまう。

宇沢はむしろ、基本的人権にかかわりが深い社会的共通資本の特徴は「固定性」にあると見る。新古典派に特有な前提である「資本のマリアビリティ（可塑性）」は妥当しないということだ。固定性は経済成長の阻害要因でないどころか、社会全体を支えている資本の属性なのである。「社会＝市場＋非市場」という構図を明確にしたうえで、非市場領域が担う固有の役割を分析するため、宇沢は「社会的共通資本」の概念を導入した。

社会的共通資本は、一見すると、市場領域を補完する存在に見える。しかし、人類の長い歩みをふりかえれば、社会的共通資本を核とする希少資源の社会的配分のメカニズムこそが主役だった。生産手段の私有制を前提とする分権的な市場経済制度はむしろ、「第二義的（secondary）な制度」と位置づけるべきなのではないか。そう宇沢は『経済解析　展開篇』（岩波書店）で語っている。宇沢の資本主義観がよくあらわれている解説だ。

教育や医療など、社会的共通資本の主要な構成要素を見ればわかるとおり、社会的共通資本は市民の基本的権利ときわめて密接に関係している。いや、順序は逆だ。市民の基本的権利を守るために、宇沢は社会的共通資本という概念を創造した。そして、宇沢の考察によれば、社会的共通資本を完全に市場原理にゆだねてしまえば、社会は必然的に不安定化する。市場は本質的に不均衡、不安定への傾きをもつからだ（のちに触れるが、宇沢は、市場領域を対象にした不均衡動学理論、非市場領域に焦点を定めた社会的共通資本理論という二本柱で、資本主義の全体像に迫ろうとしていた）。

## 30年前に提唱した地球温暖化対策

『自動車の社会的費用』を起点とする社会的共通資本論は、東西冷戦体制が終焉する時期に新たな展開をみせている。ひとつは、宇沢が地球温暖化問題の研究をはじめたことだ。現在では気候変動問題と呼ばれて国際政治の主要テーマとなっているが、宇沢は30年あまり前からこの問題に取り組んでいた。

公害の解明を動機として始まった社会的共通資本の研究は、はじめは直接的な規制に焦点があてられていた。企業活動の実態に規制が追いつかず、有害物質の排出規制などが急がれていたからだ。東西冷戦後は、経済のグローバル化に対応するように、地球温暖化や生物多様性などグローバルな視点が求められる地球環境問題の重要性が増した。

とりわけ地球温暖化への対処は、市場メカニズムを利用しながら、二酸化炭素などの温室効果ガスの排出量を適切に制御していくことが求められる。根本的な問題を抱えているとはいえ、市場メカニズムの分析において、新古典派経済学は分析のツールを豊富に取りそろえている。宇沢は、真鍋淑郎《しゅくろう》博士（２０２１年にノーベル物理学賞受賞）などの科学者にも教えを乞いながら、数理経済学の可能性を試すように、地球の温暖化現象という難題に取り組んだ。

地球温暖化問題では、宇沢が切り拓いた最適成長理論が威力を発揮する。なぜかといえば、現在から将来にわたる、世代を跨いだ形での最適な資源配分を考察するための理論だからだ。大気中の二酸化炭素は「マイナスの社会的共通資本」であり、二酸化炭素の蓄積は将来世代の負担となってしまう。アメリカ時代に開拓した最適成長理論と、帰国後に精力を傾けてきた社会的共通資本の理論。宇沢自身が構築した双方の理論を統合することで、地球温暖化問題を分析できる。実際、世界でもっとも早く炭素税の有効性を動学的な理論で明らかにしたのが宇沢なのである。

「宇沢フォーミュラ（公式）」と呼ばれた公式は、二酸化炭素1トン（炭素換算量）あたりの帰属価格を、それぞれの国の一人あたりの国民所得に比例するよう決めるとき、大気中の二酸化炭素の蓄積量が、長期的な観点から最適な水準に近づくことを示したものだ。

帰属価格（imputed price）は、カール・メンガーを始祖とするオーストリア学派の帰属理論に基づく。帰属理論では、財の価値は最終的な消費者の主観的効用の大きさで決まる。消費の対象ではない生産設備などの生産要素は生産される財にどれだけ貢献したかで価値が決まる。つまり、財の価値は生産への貢献度にしたがって各生産要素に帰属すると考えるわけだ（各生産要素の帰属価格の総和が財の価値となる）。一定の条件を満たせば、帰属価格は市場機構を通じた市場価格と一致するとみなせるので、一般均衡理論に包摂できる。

二酸化炭素の帰属価格とは、二酸化炭素が限界的に1単位増えたとき、現在から将来にかけてどれだけ社会的便益を減少させるかを予測して、その割引現在価値を計算したものだ。この考え方は、社会的共通資本論の肝である。一般的には、社会的共通資本が限界的に1単位増えたとき、現在から将来にかけて社会的効用がどれだけ増えるかを計算し、それを現在における価値に換算したものが社会的共通資本の帰属価格となる。

市場機構を通じて顕在化する市場価格とは違い、帰属価格は潜在的な価格だ。そのため、「shadow price（影の価格）」とも呼ばれる。宇沢は、「shadow price」を駆使して市場経済像のなかに社会的共通資本の姿を浮かびあがらせ、従来の資本主義観に修正を迫ろうとしたのである。帰属理論に精通した宇沢だからこそ可能だったといえる。

ところで、一物一価の考えに基づけば、大気中に拡散する二酸化炭素の帰属価格が国ごとに異なるのはおかしい。しかし宇沢は、あえて各国の国民所得に応じた帰属価格を公式化した。宇沢が提唱したのは、それぞれの国が経済力に応じて炭素税を負担する比例的炭素税の制度である（この制度では、育林には補助金を支払う）。各国同一の炭素税率としなかったのは、発展途上国に配慮したというだけでなく、そもそも温室効果ガスの蓄積はおもに先進工業国の経済活動に起因していると考えられるからだ。先進国がより大きな義務を負うべきだという宇沢の考えは徹底していて、比例的炭素税とあわせて「大気安定化国際基金」を提言している。炭素税収入の一部を基金にプールし、発展途上国に再分配する制度である。

比例的炭素税と大気安定化国際基金の制度を、宇沢は、30年あまりも前の1990年にローマでの国際会議で提唱していた。気候変動問題の科学的知見がかぎられていたことを考えれば、きわめて完成度が高い国際的制度構想で、なおかつ、宇沢の思想が明確に反映されていた。地球温暖化に強い関心を示していた欧州の経済学者たちの圧倒的な支持を得たことから、宇沢は社会的共通資本の理論に手ごたえを感じたのだった。

少し学説の話に触れると、宇沢は、温室効果ガスの排出権を売買する市場を創設する排出量取引制度を厳しく批判していた。この制度は、シカゴ大学のかつての同僚ロナルド・コースの「コースの定理」を応用したものとされている。大気を社会的共通資本とみなす宇沢とは対照的に、汚染などの外部不経済の問題を所有権の設定で解決しようという考え方で、フリードマン率いるシカゴ学派に支持されていた。ただし、コース自身は、現実に適用する際の限界を明確に意識していた。学説には深入りしないが、宇沢が排出量取引制度を批判した背景にも、資本主義観の対立があったということである。

## コモンズ論争をヒントに

地球温暖化問題とも関連して、宇沢にヒントを与えたのがコモンズ論争だった。コモンズとは、共有地のことである。コモンズ論争は、生物学者ギャレット・ハーディンが1968年に『サイエンス』に寄稿した「コモンズの悲劇」という論文をめぐって起きた。ハーディンは、イギリス中世の牧草地を例にとり、牧草地が村の共有地として使用されている状況を考察している。牛飼いが一頭の牛を追加的に牧草地に放したとき、その限界的コストは村の牛飼い全体の負担となる。そうすると、牛飼いたちはできるだけ多くの牛を放牧することになり、結局、牧草地は荒れ果ててしまう。こうした「悲劇」を回避するには、牧草地を国有化して利用を規制するか、牧草地を私有化して市場原理を導入するしかない、というのがハーディンの結論だった。力点は、共有権を分割して私有化することに置かれていた。

ハーディンの思考は新古典派的なものだ。「コモンズの悲劇」は、個人の自由と社会的管理との間の矛盾、そして、私的所有か公的所有かという所有制の問題を提起した。

1980年代からコモンズの事例研究がさかんになり、ハーディンの主張がコモンズの実態とかけ離れていることがあきらかにされた。資源の共同使用の例としてしばしば取り上げられたのが、日本の入会林野《いりあい》だった。入会は、地域住民がみずからの生活を支えるために山、川、土地などを共同で利用して管理する慣習的な仕組みである。ハーディンは共有地を誰でも使用できる資源とみなしたが、日本の入会などの伝統的コモンズはかならず特定の集団が利用しており、メンバーは自分の利益を最大化するよう行動するのではなく、定められたコモンズのルールを守っている。

宇沢がコモンズ論争に注目したのは、社会的共通資本の管理形態について頭を悩ませていたからである。社会的共通資本は、たとえ所有形態が私有であっても、社会の共有財産として扱われ、社会的な基準で管理・運営される。市場的な基準、あるいは、官僚が定めたルールは、「社会的な基準」とはいえない。では、誰がどのような基準で社会的共通資本を管理・運営するのか。

コモンズ研究で成果を挙げたのが、２００９年に女性としてはじめてノーベル経済学賞を受賞したエリノア・オストロムである。オストロムは、世界各地のコモンズの事例研究に基づいて、資源を共同利用するシステムの「設計原理」をまとめた。「資源の境界が明確で、誰が利用権を持つか明確であること」「資源の利用ルールがその地域の状況に即していること」「ルール変更の際には、資源利用者が参加できること」など、全部で８つの原則が挙げられている。

社会的共通資本を管理・運営する主体に関する宇沢の解説はいささか難解である。フィデュシアリー（fiduciary＝受託者）責任の原則にもとづいて信託された職業的専門家によって、専門的知見に基づき、職業的規律にしたがって、管理・運営される、と宇沢はいう。オストロムが事例研究から帰納的に設計原理を導きだしたのに比べると、漠然としている印象をぬぐえない。

これは、宇沢が新古典派経済学の演繹的な論理で社会的共通資本を分析したことと関係している。「主流派経済学を内在的な論理で撃つ」という戦略がもたらした弱点といえるかもしれない。ただ実際に宇沢は、漁業コモンズ、森林コモンズ、農業コモンズを想定して、「自然資本」を分析している。漁場については特定の漁民の集落が、森林や農地は特定の村落が、管理・運営の主体である。分析を最優先する姿勢は一貫している。

現実には、伝統的コモンズは激減しているわけだから、宇沢がコモンズを想定したことはむしろ、未来に向けたメッセージと解釈できるだろう。社会的共通資本を管理・運営する「新たなコモンズ」の可能性である。

ポスト冷戦時代を迎え、コモンズ論に刺激を受けた宇沢は、資本主義対社会主義という旧来の対立構図を抜け出すため、制度主義を強く主張するようになった。コモンズに注目したのも、パブリックとプライベートの中間的な所有形態とみなせるからだった。

制度主義経済学の祖とされるソースティン・ヴェブレンをもっとも重要な経済学者に位置づけ、「社会的共通資本の経済学はヴェブレンの制度主義の系譜に属する」と宇沢は繰り返し強調するようになる。

## ヴェブレンのホモ・エコノミクス批判

ソースティン・ヴェブレン（1857－1929）は、アメリカが生んだ傑出した社会科学者である。「異端の経済学者」として紹介されることが多いのは、新古典派経済学を根底から批判したからだ。ヴェブレンは、新古典派経済学が前提としている人間、つまり「ホモ・エコノミクス」が実在する人間とかけ離れていることを鋭い筆法で指摘した。宇沢が好んで引用したのはヴェブレンのつぎの文章である（訳は宇沢）。

「快楽主義的な立場にたって人間を考えるとき、人間は、快楽と苦痛とをすばやく計算する計算機のようなものであって、幸福を追求する、同質的な欲望の塊りとして、刺激を受けると、あちこちぐるぐる回るが、自らは決して変らない存在としてとらえられる。前歴もなければ、将来もない。他からは孤立し、つよく安定した人間の素材であって、衝撃的な力に揉まれて、あちこちに動き回っている場合を除いては、安定的な均衡状態にある。単元的な空間のなかでうまく釣合いを保って、独自の精神的な軸のまわりを対称的にぐるぐる回りながら、やがては力の平行四辺形の法則が働いて、直線的な歩みをつづけるようになる。そして、衝撃の力がつき果てたときには、静止して、前と変らない、独立した欲望の塊りに返る」(『宇沢弘文著作集9』岩波書店)

古典物理学のアナロジーとしての新古典派経済学は、人間を物理学における質点のような存在と捉える。力学における質点が質量だけあって大きさのない仮想上の点であるように、「ホモ・エコノミクス(合理的な経済人)」は実在しない抽象的な人間モデルだ。人間は外界から力が加わった場合にのみ、反応して行動を起こす。行動の判断基準は、ジェレミー・ベンサムの功利主義に基づく主観的な効用である。

ヴェブレンが、新古典派経済学のホモ・エコノミクスの前提を執拗に批判したのは、ホモ・エコノミクスの人間観に立つとき、人間はまったく受動的な存在に堕してしまうからだ。人間に本来的に備わっている「社会性」が欠落しているのだ。

## 人間は「環境」を変えることができる

経済行動はかならず特定の環境のなかで行われるが、その環境は経済制度のみでなく、歴史的、文化的などもろもろの制度的条件に規定されている。制度や慣習は人間の行動に影響を与えるが、一方で、人間の行動は制度や慣習に影響を与える。

ヴェブレンは、制度と人間の相互作用を制度的環境の進化のプロセスとして捉えようとした。進化といっても、特定の目的を目指したプロセスではなく、あくまでも累積的な要因による無目的な変化である。人間は制度＝思考習慣に規定されるが、人間の行動が制度＝思考習慣に影響を与え、変容させてもいく。ヴェブレンが前提とするのは、社会性をもった人間であり、制度＝思考習慣という「環境」に対して能動的な人間である。人間の本性は、「環境」に働きかけ、「環境」を変革することにあるからだ。

宇沢は、「社会的価値判断」を新古典派の分析に持ち込んだが、それはヴェブレンの制度主義に基づいていた。「環境」に働きかける「能動的な人間」を措定したのである。

宇沢は早くからヴェブレンに魅入られていた。渡米して1年半後の1957年12月、青芳浩子とスタンフォード大学の教会で結婚式を挙げた後、夫婦が最初に借りた家の家主アン・シムズが、偶然にもヴェブレンの娘（再婚した妻の連れ子）だった。スタンフォード大学で一般均衡理論の研究に没頭していたときから、脳裏にはヴェブレンが存在していたのである。

## ヴェブレン＝デューイのリベラリズム

アメリカ経済学と決別したあと、宇沢は、経済学の問題をふたつの方向から考えるようになった。ひとつは、主流派経済学に対する内在的な批判だ。新古典派経済学はアメリカ・ケインジアンを含めて、均衡分析に終始しすぎている。結果として、失業や所得格差などの重要な問題を的確に分析できない。この問題に対して宇沢は不均衡動学理論を構築することを目指した。市場経済の不均衡状態を動学的に（長期分析として）捉える理論に挑戦したのだ。

もうひとつは、より根源的な批判だ。主流派経済学は、分析の対象をあまりにも狭く市場的現象に限定しすぎている。この問題に対して、社会的共通資本の概念を導入し、社会的共通資本の経済学を打ち立てようとした。

社会的共通資本の理論を建物にたとえると、新たな建物を建築するための道具が不均衡動学理論のはずだった。しかし実際には、不均衡動学理論は道半ばで完成にはほど遠い状態だった。建物の建築を急ぐ宇沢に、道具の改良に時間を費やしている余裕はなかった。出来合いの新古典派理論に頼るしかなかった。数理分析を必要とする宇沢にとって、新古典派ほど整合的な理論体系、分析方法を備えた経済学はほかになかったからである。

ヴェブレンの重要性を強調してやまなかった理由の一因には、ホモ・エコノミクスの前提を手放せなかったということもあったのではないだろうか。実際、「ヴェブレンの経済学はどうしても数学では表現できない」と宇沢は話していたことがある。

社会的共通資本の経済学で宇沢が試みたのが、ヴェブレンの制度主義を新古典派経済学に投影することだったとしても、そこにはやはり深い溝が生まれざるをえない。見方をかえれば、宇沢の思想は、新古典派経済学という容器におさまりきれない大きさをもっていたということになる。

ともあれ、〝新古典派経済学者の宇沢〟は、社会的共通資本の経済学がヴェブレンの制度主義を継ぐものであることをくどいほど強調しなければならなかった。いや、「ヴェブレンの制度主義」を強調するだけでは、新古典派経済学の欠陥を補うことはできなかった。そこで、宇沢は、ジョン・デューイをヴェブレンに加勢させた。デューイは、アメリカ生まれの哲学であるプラグマティズム哲学の大家だ。宇沢の言葉に耳を傾けてみよう。

「ジョン・デューイは、人間は神から与えられた受動的な存在ではなく、一人一人がその置かれた環境に対処して、人間としての本性を発展させようとする知性をもった主体的実体としてとらえる。そのとき、リベラリズムの思想は人間の尊厳を守り、魂の自立を支え、市民的自由が最大限に確保できるような社会的、経済的制度を模索するというユートピア的運動となり、学問的研究の原点として、20世紀を通じて大きな影響を与えてきた。決して政治的権力、経済的富、宗教的権威に屈することなく、一人一人が、人間的尊厳を失うことなく、それぞれがもっている先天的、後天的な資質を充分に生かし、夢とアスピレーションとが実現できるような社会をつくりだそうというのがリベラリズムの立場である。

制度主義の理念は、さまざまな機能をもつ社会的共通資本のネットワークとして具体的なかたちで表現されるが、どのような希少資源を社会的共通資本と類別して、どのような基準にしたがって社会的共通資本を管理、維持し、そこから生み出されるサービスを分配するかという問題はすべて、このリベラリズムの観点にたって決められる」(『宇沢弘文の経済学』日本経済新聞出版社)

アダム・スミスは、産業革命が本格始動する以前に著した『国富論』で「(神の)見えざる手」を論じ、素朴な自由放任主義を示唆した。ケインズは、世界恐慌のただなかで『一般理論』を著し、完全雇用を達成するための政府介入を唱えた。その後、ケインズ経済学は修正資本主義、混合経済の後ろ盾となった。

「自由」の輪郭は時代や状況によって変化する。変化を促すのは、資本主義のダイナミズムだ。制度主義の観点に立つなら、「自由」の変化を的確にとらえ、「自由」を具現化する制度のあり方を探るのが経済学の役割である。宇沢が「環境」を分析の対象としたのも、「自由」と密接にかかわる問題となっていると判断したからだ。宇沢の見立てが妥当であったことは、近年のＳＤＧｓや気候変動問題への世界の取り組みが証明している。

宇沢が定義する制度主義は、宇沢独自のものといっていい。一人ひとりがそれぞれの夢とアスピレーションを実現させることができるような制度を探求する方法、それが制度主義である。重要な役割を果たすのが、社会的共通資本だ。

制度主義に対するこのような考えから、「社会的共通資本の経済学はヴェブレン＝デューイのリベラリズムに基づいている」と宇沢は表現したのである。

# 終章　SHADOWの思想

## 「酷い時代（Bad Period）」

宇沢を尊敬してやまない教え子のひとりにジョセフ・スティグリッツがいる。宇沢が亡くなるまでふたりの師弟関係は変わらなかった。インタビューした際、スティグリッツは経済学界における宇沢の立ち位置について印象深い解説をした。

「経済学における問題のひとつは、〝きまぐれ（faddishness）〟だということですよ。同じ問題、同じ方法でも、ある時期には〝流行おくれ〟とされ、別の時期になると〝流行〟したりするんです。アメリカの経済学に関していえば、１９７５年から２００８年までのおよそ30年間は〝酷い時代（Bad Period）〟だったといっていいかもしれない。この時期、経済学界ではヒロがつねに強い関心を寄せていた〝不平等〟や〝不均衡〟や〝市場の外部性〟の問題はあまり注目されることはありませんでした。経済学の主流派はみんな〝市場万能論（perfect market）〟に染まってましたから。ヒロが成し遂げた功績にふさわしい注目を集めなかった理由は、意外に単純です。つまり、『危機など決して起こるはずがない』と信じ込んでいる楽観的な経済学者たちの輪の中に、ヒロが決して入ろうとしなかったからなのですよ」

「酷い時代（１９７５－２００８年）」とは、「市場にまかせればうまくいく」という市場原理主義的な経済思想がアメリカ、ひいては世界を導いた時代である。主導したのがミルトン・フリードマンに代表されるシカゴ学派だった。スティグリッツが2008年を区切りとしたのは、行き過ぎた金融の規制緩和がリーマン・ショックを招き、世界金融危機が起きたからである。

振り返れば、宇沢が米国を去った1968年ごろを境に、サミュエルソンやソロー、トービンといったアメリカ・ケインジアンの全盛期は終焉を迎えていた。ベトナム戦争を契機に、アメリカ経済は不安定化し、物価が高騰するなかで失業が増えるスタグフレーションに陥ったが、アメリカ・ケインジアンは有効な処方箋を示せなかった。

1971年8月にニクソン大統領が金とドルの交換を一時停止するなどのドル防衛策を突然発表（ニクソン・ショック）、アメリカ・ドルを基軸とする金本位制、いわゆるブレトン・ウッズ体制が崩れた。その後、2度の石油ショックに見舞われるなどして世界経済が不安定化していくなか、アメリカ・ケインジアンたちを引きずりおろし、経済学界の覇権を握ったのがフリードマン率いるシカゴ学派であり、反ケインズの諸学派だった。

イギリスのサッチャー首相（在任1979年5月－90年11月）、アメリカのレーガン大統領（在任1981年1月－89年1月）という、新自由主義を信奉する政治指導者を得て、市場原理主義の経済学の覇権は盤石となった。東西冷戦が資本主義国の勝利で終焉したことで、新自由主義は世界の潮流となった。
周回遅れの日本では、21世紀に入って小泉純一郎政権が「構造改革」を掲げ、新自由主義路線に舵を切った。周知のとおり、格差社会と経済の長期低迷を招いた「改革」だった。

## 歴史の捻転

現実の国際政治および経済学界で市場原理主義の嵐が吹き荒れたことを、宇沢は「歴史の捻転」と呼んだ。「歴史が捻じれてしまった」とは何を意味するのだろうか。

アメリカ・ケインジアンがケネディ、ジョンソン両大統領のブレインとしてわが世の春を謳歌していた1960年代、宇沢はすでにアメリカ・ケインジアンの弱点を見抜いていた。一言でいえば、大恐慌期にケインズが動学的な不均衡分析の端緒を開いたにもかかわらず、アメリカ・ケインジアンたちはケインズ経済学を一般均衡理論に吸収してしまうことで、再び経済学を均衡分析に戻してしまった。平たく言えば、自由放任主義の経済学が復活する種をまいてしまったのである。アメリカのケインジアンがベトナム戦争によって不安定化、不均衡化した経済を的確に分析できなかったのも、均衡分析の枠組みを脱しきれなかったからだった。

ところが、信用が失墜したアメリカ・ケインジアンを追い落として覇権を握ったのは、究極の均衡分析にもとづいて自由放任主義を唱える市場原理主義者たちだった。救世主のような顔でフリードマンが台頭してきたことを、「歴史の捻転」と呼んだわけである。

シカゴ大学でフリードマンと議論を戦わせた宇沢は、いずれ世界が市場原理主義の荒波に飲み込まれるであろうことを早くから予測していた。１９７９年に経済誌『エコノミスト』（毎日新聞社）で発表した「保守化する近代経済学」という連載記事の最終回のタイトルは「アメリカ経済学の退廃　人間の学としての再興を」。宇沢は、「このような趨勢がしばらくつづいてゆくとすれば、アメリカ経済学は決定的な変貌をとげ、人間の学としての経済学はその痕跡すらとどめなくなってしまうのではなかろうか」と警鐘を鳴らした。この後、レーガン政権が誕生し、世界に先駆けてアメリカの社会は市場原理主義に飲み込まれていった。

１９７０年代以降の潮流を踏まえれば、宇沢が孤立していったさまは容易に想像できる。宇沢は２０１１年3月に起きた東日本大震災の10日後に脳塞栓で倒れ、長い闘病生活の末、２０１４年9月に世を去った。日本に帰国して以降、「酷い時代」を生きていたことになる。スティグリッツは、シカゴ学派に代表される市場原理主義の奔流が宇沢の存在感を希薄にしたと指摘したが、事態はより複雑だった。本当のところ、宇沢が対峙していたのは市場原理主義の経済学を生みだしたアメリカ経済学そのものだったからである。

帰国した宇沢は、「人間の学」として経済学を再興するため、環境の問題を理論に取り込もうと試みた。だが、日本の経済学者たちの受け止めはむしろ冷淡だった。宇沢が既存の経済学を徹底批判したからでもあるが、『自動車の社会的費用』はベストセラーとなったものの、陰口や批判も漏れ伝わってきた。経済学者としてもっとも早く地球温暖化問題に取り組んだけれども、「一流の経済学者は環境問題はやらない」と同僚から面と向かっていわれたこともあった。当時の「主流派」における環境問題の位置づけはその程度だったのである。

第二次世界大戦後、経済学の理論形成の主舞台は、イギリスからアメリカに移った。アメリカ経済学を批判しながらも、宇沢がアメリカ経済学の動向を意識しつづけざるをえなかったのはそのためだ。宇沢が理論家として再浮上してくるのは、最適成長理論を用いて地球温暖化問題に取り組みだしてからである。ところがその矢先、宇沢に関する誤報がアメリカのメディアを駆け巡った。

この奇妙な事件は、「社会的共通資本の宇沢」の声が海外には十分に伝わっていなかった事実をあぶりだしただけでなく、理論家として本格復帰しようとした宇沢を意図的に貶める動きがあったことをうかがわせる。中身に触れる前にまず、誤報の淵源となった成田空港問題と宇沢の関わりに触れておこう。

## 「新左翼過激派」と報じられて

新東京国際空港（現在の成田国際空港）の建設にあたって、政府は1966年7月、それまで候補地ではなかった成田市三里塚を新たな候補地とすることを唐突に閣議決定した。反発した地元農民らは三里塚・芝山連合空港反対同盟を結成、その後、新左翼運動の諸党派などが支援に入り、政府とのあいだで「三里塚闘争」を繰り広げた。

農民の土地を強制的に収用する強制代執行をめぐって、機動隊と反対派が激しい衝突を繰り返し、多くの逮捕者も出た。3本の滑走路を計画していたが、78年にようやく滑走路1本のみで開港される経緯をたどったのだった。

その後、反対派は分裂し、そのうちの反対同盟熱田派が政府との膠着状態を打開しようと動き出した。政府側と反対同盟熱田派の公開シンポジウムで仲裁役をつとめたのが学識経験者だった。団長の隅谷《すみや》三喜男の名を冠して隅谷調査団と呼ばれた。

宇沢は熱田派の依頼を受け、隅谷調査団のメンバーとなった。高度成長期には、「自然」が疎んじられた結果、公害が多発した。同じ理由で、農業や漁業などの第一次産業は疎外された。政府が、国際空港の建設を理由に有無を言わさず農民に立ち退きを迫ったことで激化した三里塚闘争は、高度経済成長の裏面史である。三里塚闘争を「戦後日本の悲劇」と呼んだ宇沢は、農民が納得できる形で紛争を終わらせようと全力を傾けた。学者としてつねに政治とは距離をとってきたが、このときばかりは自民党の重鎮・後藤田正晴（当時は法務大臣と副総理を兼任）に密かに協力を要請、研究活動を放り出して政府との仲裁に奔走した。

シンポジウムは1991年から93年にかけて行われた。結局、隅谷調査団の最終報告書を政府側、反対派の双方が受け入れ、政府は今後土地の強制収用は行わないと約束した。さらに政府は、空港建設の過程に問題があったことを認め、反対派農民らに謝罪した。宇沢たちの仲裁は実を結び、成田空港問題は事実上終焉に向かうことになったのである。

アメリカの新聞『ボストン・グローブ』に宇沢に関する不可解な記事が掲載されたのは1994年3月のことである。経済成長理論をめぐる経済学者の群像を描いた長文の記事だった。宇沢がシカゴ大学で主宰したワークショップについてもくわしく触れていたのだが、アメリカを去ったあとの宇沢についてはまるで事実と異なることが書かれていたのである。

記事は、日本に帰った宇沢が「過激なマルクス主義者（a radical Marxist）」となり、成田空港の建設を阻止しようとする「過激派（a militant group）」に参加した、と伝えていた。

もちろん大誤報だ。事実は、政府から正式に依頼されて宇沢は隅谷調査団に参加していた。むしろ、政府との協議に反対する過激派グループに狙われる立場だった。隅谷調査団長の自宅に金属弾が撃ち込まれる事件が起きたこともあり、宇沢も警護の対象となり、政府要人のようにどこに行くにもSP（セキュリティ・ポリス）がついてくる状態だった。

成田空港問題の正確な知識があれば、『ボストン・グローブ』の記事に驚愕しないほうがおかしい。現実に即して記事を解釈すれば、宇沢はテロ行為を繰り返していた過激派セクトの協力者ということになってしまうからだ。この記事は『ボストン・グローブ』だけでなく、『シカゴ・トリビューン』にも掲載された。海外では宇沢の近況をくわしく知る経済学者は限られていたから、宇沢の国際的な信用は著しく失墜した。

## 知られざる「その後の宇沢」

宇沢は執筆した記者に抗議し、訂正記事を書くよう求めた。直接取材もせず、デタラメを書いたのだから当然である。ところが、記者は最初こそ「すぐに対応したい」と連絡を寄越したものの、その後はなしのつぶてだった。

1年後、宇沢はミネソタ大学に滞在した際に記者に連絡し、訂正しないなら法的措置も考えざるを得ないと伝えた。結局、記者は訂正の要求には応じず、宇沢に関する別の記事を書いてお茶をにごした。不誠実な対応しかしない相手に匙を投げ、宇沢は責任追及をあきらめてしまった。誤報は訂正されず、「事実」となってしまったのである。

誤報事件の顚末を紹介したのは、帰国後の宇沢の評価について考えてみたかったからである。虚偽を報じた記者は、抗議する宇沢に、開き直ってこんなことを伝えていた。

「あなたが（日本へ帰国後の）中年期をどのように過ごしたか、その印象については、ここアメリカでは、私が記事に書いたような内容はかなり広く共有されています」

宇沢は経済理論の分野で数々の業績を挙げ、経済学に貢献した。だが、経済学界が評価しているのは、アメリカで活躍した「Hirofumi Uzawa」である。アメリカを去ったあと、公害問題と向き合い、社会的共通資本論に学者生命を賭けた「その後の宇沢」はじつはほとんど知られていない。

もちろん、ケネス・アローのように生涯を通じて親しかった少数の例外はいる。私は生前のアローに2日間にわたりインタビューをする機会を得たが、今なお忘れがたく印象に残っているのは、アローがつぶやくように口にした言葉だ。

「ヒロに関して私にはどうしてもわからないことがひとつあるんだが……彼はどういう経緯で環境の問題に強い関心をもつようになったんでしょうかね。『自動車の社会的費用』というヒロの本がありますね。私は非常にすばらしい著作だと考えているんですが……」

『宇沢弘文著作集』が90年代半ばに刊行される際、宇沢は、アローに著作集の月報への寄稿を依頼した。

アローは寄稿した文章で、一般均衡理論や最適成長理論で宇沢が輝かしい業績を挙げたことを賞賛したあと、宇沢は「応用経済学」でも非常に影響力をもつようになった、と強調している。「応用経済学」というのは、公害問題に始まり地球温暖化問題まで、つまりは社会的共通資本の研究を指している。宇沢の環境分析は経済学の基礎理論を改革へと導くものだと称えながら、アローは少し気になることに言及している。宇沢の環境問題に関する重要な経済分析を、「われわれ欧米の経済学者（We in the West）」は少ししか目にすることができない、と嘆いているのだ。「少なくとも、この全集のなかのいくぶんかでも英語に翻訳されることを心待ちにしています」とアローは締めくくっていた。

宇沢をアメリカに招いたアローは、宇沢経済学を誰よりも知悉《ちしつ》している。「われわれ欧米の経済学者」という言葉に、帰国後の宇沢の研究が世界に周知されていないという残念さがにじんでいる。アローの嘆息がかえって宇沢の気に障ったのだろうか、アローの寄稿文は結局、全集の月報には掲載されなかった。

私は評伝『資本主義と闘った男　宇沢弘文と経済学の世界』（講談社）を執筆する過程で、この種のエピソードを検証しているとき、宇沢が英文で著した自伝エッセイにつけたタイトル「Born in the Shadow of the Mountains」を思い起こしていた。「山々の陰に生まれて」――山陰地方の米子で生を受けたことにかけているわけだけれども、「Shadow（陰）」にはそれにとどまらない意味が込められている。

## 「Shadow」を感知する力

宇沢の生涯をふりかえるとき、彼がつねに「Shadow」にたたずむ人々、あるいは出来事に目を向けてきたことに気づかされる。「Shadow」には過剰なほど敏感だった。宇沢の人生の節目には、いつも「Shadow」が寄り添うようにかかわっていた。自伝エッセイのタイトルによって、宇沢自身、「Shadow の経済学者」を自認していたことがわかる。それはある種の覚悟でもあったはずである。

「陰の経済学者」は陰鬱だったわけではない。不可視なもの、潜在しているものを感知する能力は、人間の可能性をも探知することができるからである。宇沢の思想的特質は、彼の教育論によくあらわれている。

「教育は究極的には、すべての人間的営為について、一人一人の子どもがもっているインネイトな知識、能力と後天的に獲得してきた知識、能力をできるだけ大事にして、それを育てることによって、知的、身体的、感性的発達をうながし、一人の社会的人間として大きく成長することをたすけようとするものです。一人一人の子どもがもっている知性、感性の蕾《つぼみ》に適切な刺激を与え、養分を供給して、大きな花として開花できるようにしようというわけです。しかし、一人一人の子どもがもっている、この知性と感性の蕾はきわめてデリケートで、こわれやすいものです」(『日本の教育を考える』)

「インネイト(innate)」は生得的、先天的という意味である。「インネイト」や「蕾」という言葉に、子どもが本有的にもっている可能性へのかぎりない信頼が込められている。

社会的共通資本の経済学は、ひとりびとりがそれぞれの夢とアスピレーションを実現することができるような社会的環境、制度的条件を究明する社会科学である。「アスピレーション(aspiration)」とは、宇沢がしばしば大切な場面で口にした「志」のことだ。社会的共通資本という壮大な概念のように響くけれども、それは、ひとりびとりの志という小宇宙と結びついている。

インネイト、蕾、アスピレーション、夢——宇沢思想のキーワードを並べてみると、楽天的なまでのあかるさが感じられはしないだろうか。だとすれば、Shadow の思想の根底にリベラリズムの精神が息づいているからである。

* * *

資本主義の現状に疑問や批判が投げかけられているのは、豊かさをもたらすはずの市場機構が、環境を破壊し、人間の尊厳を損ねる働きさえしている、と広く受け止められるようになっているからだ。本編を通して繰り返してきたけれども、社会的共通資本の役割について最後にもう一度、宇沢の言葉に耳を傾けてみよう。

「社会的共通資本は、一人一人の人間的尊厳を守り、魂の自立を支え、市民の基本的権利を最大限に維持するために、不可欠な役割を果たすものである」

正直にいえば、「社会的共通資本」が経済学者に忌避されたのは、このような宇沢の物言いも影響していたようにおもう。主流派の経済学は、より科学に近づこうと、技術知の性格を強め、社会工学的な有用性を重んじるようになった。資源配分の効率性のみを基準に経済を語り、所得分配の不公平性などには目をつむるようになった。社会的価値判断を避けるようになったのである。

今、資本主義のあり方が問われているのは、人間的尊厳を損ね、魂の自立を妨げ、市民の基本的権利を侵すような現象が実際に身近に起きていて、なおかつ、ひとびとがその背後に市場機構の働きを見ているからにほかならない。専門家の力を借りずとも、誰もが資本主義が抱えもつ不安定性を感知している。〝危機〟はすでに訪れているのだ。

この小著で私が伝えたかったのは、「社会的共通資本の宇沢弘文」がまだ十分には解明されておらず、したがって、彼の思想の全貌もいまだ明らかにされてはいないということである。宇沢弘文はこれから再発見されるべき経済学者であり、思想家なのだとおもう。

講談社現代新書　2682

# 今《いま》を生《い》きる思想《しそう》
# 宇《う》沢《ざわ》弘《ひろ》文《ふみ》　新《あら》たなる資本主義《しほんしゅぎ》の道《みち》を求《もと》めて

二〇二二年一〇月二〇日第一刷発行　二〇二二年一一月三〇日第三刷発行

著者　佐《さ》々《さ》木《き》実《みのる》 

発行者　鈴木章一
発行所　株式会社講談社
東京都文京区音羽二丁目一二―二一　郵便番号一一二―八〇〇一
電話　〇三―五三九五―三五二一　編集（現代新書）
〇三―五三九五―四四一五　販売
〇三―五三九五―三六一五　業務
装幀者　中島英樹／中島デザイン
印刷所　株式会社ＫＰＳプロダクツ
製本所　株式会社国宝社
定価はカバーに表示してあります　Printed in Japan



N.D.C.　126p　18cm
ISBN978-4-06-530013-8

# 「講談社現代新書」の刊行にあたって

教養は万人が身をもって養い創造すべきものであって、一部の専門家の占有物として、ただ一方的に人々の手もとに配布され伝達されうるものではありません。

しかし、不幸にしてわが国の現状では、教養の重要な養いとなるべき書物は、ほとんど講壇からの天下りや単なる解説に終始し、知識技術を真剣に希求する青少年・学生・一般民衆の根本的な疑問や興味は、けっして十分に答えられ、解きほぐされ、手引きされることがありません。万人の内奥から発した真正の教養への芽ばえが、こうして放置され、むなしく滅びさる運命にゆだねられているのです。

このことは、中・高校だけで教育をおわる人々の成長をはばんでいるだけでなく、大学に進んだり、インテリと目されたりする人々の精神力の健康さえもむしばみ、わが国の文化の実質をまことに脆弱なものにしています。単なる博識以上の根強い思索力・判断力、および確かな技術にささえられた教養を必要とする日本の将来にとって、これは真剣に憂慮されなければならない事態であるといわなければなりません。

わたしたちの「講談社現代新書」は、この事態の克服を意図して計画されたものです。これによってわたしたちは、講壇からの天下りでもなく、単なる解説書でもない、もっぱら万人の魂に生ずる初発的かつ根本的な問題をとらえ、掘り起こし、手引きし、しかも最新の知識への展望を万人に確立させる書物を、新しく世の中に送り出したいと念願しています。

わたしたちは、創業以来民衆を対象とする啓蒙の仕事に専心してきた講談社にとって、これこそもっともふさわしい課題であり、伝統ある出版社としての義務でもあると考えているのです。

一九六四年四月　野間省一